POLYGLOTT on tour

San Francisco

Der Autor
Jo Walden

Unser E-Book-Code zur elektronischen Erweiterung des POLYGLOTT on tour. Das kostenlose E-Book enthält die im Reiseführer aufgeführten Adressen entlang der Touren, beispielsweise zu Essen und Trinken, Shoppen, Aktivitäten und Hotel-Tipps. Links auf einen externen Kartendienst vereinfachen das Auffinden dieser Adressen.

Mit großer Faltkarte & 80 Stickern für die individuelle Planung

www.polyglott.de

SPECIALS

ERSTKLASSIG!

ALLGEMEINE KARTEN

STADTTEIL-KARTEN

REGIONEN-KARTE

SYMBOLE ALLGEMEIN

! Erstklassig ! Besondere Tipps der Autoren

SPECIAL Specials zu besonderen Aktivitäten und Erlebnissen

SEITEN BLICK Spannende Anekdoten zum Reiseziel

Top-Highlights und Highlights der Destination

TOUR-SYMBOLE

❶	Die POLYGLOTT-Touren
6	Stationen einer Tour
❶	Zwischenstopp Essen & Trinken
①	Hinweis auf 50 Dinge
[A1]	Die Koordinate verweist auf die Platzierung in der Faltkarte
[a1]	Platzierung Rückseite Faltkarte

PREIS-SYMBOLE

	Hotel (Doppelzimmer)	Restaurant (Hauptspeise)
€	bis 100 $	bis 20 $
€€	100 bis 180 $	20 bis 40 $
€€€	über 180 $	über 40 $

Zeichenerklärung der Karten

beschriebenes Stadtviertel (Seite=Kapitelanfang)

10 E h Sehenswürdigkeiten

10 Zwischenstopp: Essen und Trinken

4 Tourenvorschlag

Autobahn

Schnellstraße

Hauptstraße

sonstige Straßen

Fußgängerzone

Eisenbahn

Staatsgrenze

Landesgrenze

Nationalparkgrenze

Top 12 Highlights

1. San Francisco Museum of Modern Art › S. 66
2. Cable Car Museum › S. 82
3. Chinatown › S. 84
4. Coit Tower, Telegraph Hill › S. 90
5. Lombard Street › S. 91
6. Alcatraz Island › S. 92
7. Golden Gate Bridge › S. 100
8. Presidio National Park › S. 104
9. Golden Gate Park › S. 109
10. Seven Sisters, Alamo Square › S. 117
11. Mission District Murals › S. 131
12. Twin Peaks › S. 132

(1) Touren-Start

Perfekte Planung
Parallel Klappe vorne links aufschlagen

San Franciscos Wahrzeichen, die Golden Gate Bridge, vor der Skyline der City

TYPISCH

San Francisco ist eine Reise wert

»Keine Stadt lässt einem das Herz so sehr aufgehen wie San Francisco. In San Francisco anzukommen, ist ein Erlebnis fürs Leben.« Wer der Metropole heute seine Aufwartung macht, muss sich nicht verbiegen, um dem Schriftsteller William Saroyan (1908–1981) recht zu geben.

Der Autor **Jo Walden**
lebte als Teenager zweieinhalb Jahre mit den Eltern in der Bay Area, was die Weichen stellte. Nach der Rückkehr nach Deutschland und Studium arbeitete er später als Texter für eine Werbeagentur und als freischaffender Autor u. a. für englischsprachige Medien mit einem Themenschwerpunkt, der sich gewissermaßen von selbst ergab: die Vereinigten Staaten bzw. ihr Sahnestückchen an der Pazifikküste.

Es ist mal wieder ziemlich früh geworden. Aber so ist es nun mal, wenn man nach längerer Zeit alte Freunde wiedertrifft. Als der Kneipenwirt bereits am Aufräumen ist, kippt einer versehentlich sein Bierglas vom Tresen und erntet einen strafenden Blick des Barkeepers.

Nur noch wenige Fischerboote dümpeln an Fisherman's Wharf

Der Gast bittet um Verzeihung. »Das muss ein Shaker gewesen sein. Habt ihr das nicht mitbekommen?« Allgemeine Heiterkeit. In San Francisco entschuldigt ein *shaker,* wie man hier kurze Erdstöße nennt, alles. Denn die Stadt liegt mitten auf einer tektonischen Bruchzone, ständig muss man mit Erdbeben rechnen. Wie lange es bis zur nächsten Katastrophe noch gutgeht, weiß niemand. Kein Wunder, dass den Einwohnern das geflügelte Motto »carpe diem« zur zweiten Natur geworden ist: »Lebe jetzt. Vielleicht ist es morgen schon zu spät.«

Nebel hüllt meinen Weg zurück ins Hotel am frühen Morgen ein. Im Hafenbecken von Fisherman's Wharf dümpeln Fischerboote, irgendwo dröhnt ein Nebelhorn. Der Krimischriftsteller Dashiell Hammett kommt mir in den Sinn, der seinen knochenharten Privatdetek-

Der Palace of Fine Arts in Marina ist ein »antiker« Hingucker

tiv Sam Spade in ähnlich undurchsichtigen Nächten wie dieser in Trenchcoat und Schlapphut um die Häuserecken schleichen ließ. Draußen in der Bucht malt ein Frachter einen schemenhaften, unscharfen Lichtstreifen in die Nacht, die Himmel und Wasser miteinander verschmolzen hat. Hoch über den schlafenden Häusern thront auf dem Telegraph Hill der kreidebleiche Coit Tower wie ein stummer Wächter. Noch drei, vier Stunden. Dann fingern die ersten Sonnenstrahlen über die Nadelspitze der Transamerica Pyramid im Finanzdistrikt, und die Stadt zelebriert ihren täglichen Auftritt souverän und routiniert. Carpe diem! Genieße den Tag!

Wahrscheinlich hängt mit dieser Einstellung auch der spürbare Freigeist der Metropole zusammen, der selbst eingefleischte Amerikaskeptiker schon zu Sympathisanten oder sogar Verehrern gemacht hat. San Francisco, die unamerikanischste Stadt der USA, tickt anders als der Rest zwischen Pazifik und Atlanik. Wo sonst könnte man ein ganzes Stadtviertel mit Regenbogenfahnen so flächendeckend beflaggen, als gelte es, sich für den Weltparteitag der Schwulen und Lesben fein zu machen? Wo sonst würde sich ein Kneipier trauen, in seinem Lokal ein Dartboard mit dem Konterfei des ungeliebten US-Präsidenten an die Wand zu nageln? An diesem radikalen Gegenentwurf zur amerikanischen Massenkultur bastelten die Revoluzzer der literarischen Beat-Generation in den 1950er-Jahren ebenso wie die Dope-beschwipsten Hippieapostel des Summer of Love ein Jahrzehnt später. Erstaunlich ist, dass zwar weder von den Beat-Dichtern noch von den Blumenkindern viel Sichtbares übriggeblieben ist, aber die damalige Gegenkultur die Stadt bis heute prägt. Nach wie vor setzt San Francisco Einheits-

Laut, rüpelhaft und geruchsintensiv: die Seelöwenkolonie am Pier 39

Trotz aller Moderne hält die Stadt ihre Missionsgeschichte in Ehren

denkmustern und Mainstreamdogmen eine liberale und tolerante Haltung entgegen, für die Kaliforniens »Darling Number One« an der Westküste nicht einmal mehr werben muss.

Müsste man sich entscheiden, warum einem die Metropole so ans Herz wächst, käme man in Bedrängnis, weil ihre Reputation als hinreißende Weltstadt nicht nur einen, sondern eine ganzes Bündel von Gründen hat: Die atemberaubende Lage am Goldenen Tor zwischen Bucht und Pazifik, die grandiose Golden Gate Bridge, Stadtviertel wie liebenswürdige Mikrokosmen voller viktorianischer Baukunst, nostalgische ratternde Cable Cars, ein dynamischer Kulturmix von Klassik bis Rap, von mittelalterlicher Malerei bis Street Art, Gastronomieangebote, als hätten sich alle Köche der Welt um einen Küchenherd versammelt, schließlich ein spannender Cocktail aus Rassen, Ethnien, Sprachen und Überzeugungen … Einfach von allem etwas.

Runter geht's per Cable Car mit Blick auf Alcatraz Island

Jährlich 18 Millionen Touristen können sich nicht irren! Das gilt auch für die »teuerste Bohnenstange der Welt«, das britische Model Twiggy, die den Minirock berühmt machte und damals gestand, sie sei verrückt nach San Francisco, weil es wie London und Paris übereinandergestapelt sei. Selbst Fiorello La Guardia, der ehemalige Bürgermeister von New York City, zog seinen Hut vor der Stadt und meinte, Gott habe die Schönheit der Bucht von Neapel, das Niltal, die Schweizer Alpen und das Hudson Valley zusammengepackt und die San Francisco Bay daraus gemacht.

Niemand muss sich also wundern, wenn ihm oder ihr auf der Fahrt vom Internationalen Flughafen nach Downtown mit jeder Meile das Herz höher schlägt. Anderen ist das offenbar auch schon so ergangen.

Reisebarometer

10× richtig gut

Was macht San Francisco so einzigartig? Die spektakuläre Lage? Die auch, aber nicht nur. Die Metropole besticht mit einem grandiosen multikulturellen Puzzle aus Sinneseindrücken und Sehenswürdigkeiten.

Beeindruckende Architektur ●●●●●○
Von der Golden Gate Bridge über spektakuläre Museumsbauten bis zu viktorianischen Straßenzügen

Grüne Oasen und Parks ●●●●●○
Viele lauschige und auch ungezähmte Stadtparks

Kultur- und Eventangebot ●●●●○○
Musik, Kunst, Theater, originelle Festivals, Sportereignisse

Museen und Besichtigungen ●●●●●○
Für jedes Wetter Kunst, Wissenschaft und Geschichte

Kulinarische Vielfalt ●●●●○○
Internationale Auswahl von köstlichen Dungeness Crabs bis zu deftigen Kohlrouladen

Spaß und Abwechslung für Kinder ●●○○○○
Strandabenteuer, Bootsausflüge, Seelöwen

Shoppingangebot/-vielfalt ●●●●●○
Konsum nach der Devise »Shop till you drop!«

Ausgehen und Nachtleben ●●●●○○
Bars und Klubs für jeden bis zum Morgengrauen

Ausflüge in die Umgebung ●●●●●○
Strände, Buchten, Weinregionen und Urwälder

Preis-Leistungs-Verhältnis ●●●○○○
Ein Schnäppchen ist die Stadt beileibe nicht.

● = gut ●●●●●● = übertrifft alle Erwartungen

50 Dinge, die Sie ...

Hier wird entdeckt, probiert, gestaunt, Urlaubserinnerungen werden gesammelt und Fettnäpfe clever umgangen. Diese Tipps machen Lust auf mehr und lassen Sie die ganz typischen Seiten erleben. Viel Spaß dabei!

... erleben sollten

(1) **Pures Cable-Car-Feeling** Trittbrettsurfen auf einem öffentlichen Transportmittel im extrem sicherheitsbewussten Amerika? Was sich polizeiwidrig anhört, ist auf den Cable Cars › **S. 66** ausdrücklich erlaubt, wenn im Innenraum sämtliche Plätze belegt sind.

(2) **Picknick-Happening** Das Presidio Picnic ist eine Spaßveranstaltung mit kulinarischem Beiprogramm. Über 30 Foodtrucks sorgen für tolle Gaumenkitzel am Main Parade Ground [D3] (Presido Park; März–Okt. So 11–16 Uhr).

(3) **Auf die wilde Tour** Stadtführer von Wild SF Walking Tours [F5] sind keine langweiligen Buchhaltertypen und keine Erbsenzähler, sondern Entertainer, Geschichtenerzähler und amüsante Performer (479 14th St., Suite A, Tel. 415-580-1849, www.wildsftours.com).

(4) **Spielhallenspaß** Trauen Sie sich ruhig, in dem skurrilen Musée Méchanique › **S. 95** den Kiss-o-Meter – von eiskalt über amateurhaft bis heiße Sache – zu bemühen oder einen automatischen Sextest zu absolvieren.

(5) **Abenteuer hinter Gittern** Schritte, die durch Korridore hallen, eine Eisentür fällt ins Schloss. Ein nächtlicher Besuch im Zellentrakt auf Alcatraz Island › **S. 92** sorgt für Gänsehaut.

(6) **Spirituelle Übung** Der Weg ist das Ziel und führt schließlich zur Mitte. Das gilt auch für die beiden Labyrinthe in der Grace Cathedral › **S. 82** auf dem Nob Hill. Meditation mit kleinen Schritten (www.gracecathedral.org/our-labyrinths).

(7) **Genießerisches Abstrampeln** Frischen Wind um die Nase garantiert eine Radtour über die Golden Gate Bridge › **S. 101** bis ins hübsche Städtchen Sausalito.

(8) **Ohne Strampeln auf zwei Rädern** Aufrechter Gang ist normal, aufrechtes Fahren auf zwei Rädern muss man ein paar Minuten trainieren, mit San Francisco Segway Tours [F2] (417 Beach St., Tel. 415-796-0472, www.private-segwaytours-san-francisco.com; 70 $).

(9) **Nachts im Museum** Eine NightLife VIP Tour in der California Academy of Sciences › **S. 111**, vom Regenwald durch glitzernde Mineralienshows bis in den Ster-

Auf Segwaytour durch die Jefferson Street bei Fisherman's Wharf

nenhimmel des Planetariums, ist ein besonderes Erlebnis (18 bis 22 Uhr, 59 $, Mindestalter 21 J.).

(10) **Mammutrunde** Der Canopy View Loop ist eine ebenso einfache wie beeindruckende einstündige Rundwanderung zwischen gigantischen Redwoods in Muir Woods › **S. 138** (Start am Visitor Center, möglichst früh).

(11) **Open-Air-Schwofen** Tanzstunde kann jeder. Gratis-Freiluftunterricht im Golden Gate Park › **S. 111** zu Swing, Jazz und Blues dagegen ist etwas Besonderes (J. F. Kennedy Dr., beim De Young Museum www.lindyinthepark.com; So 11–14 Uhr).

... probieren sollten

(12) **Seafood im Kino** Das Foreign Cinema [F6] ist auch ein Restaurant. Zu Leinwandklassikern gibt es statt Popcorn kanadische Fanny-Bay-Austern oder ein New York Steak (2534 Mission St., Tel. 415-648-7600, www.foreigncinema.com).

(13) **Geruchsintensiv** Das Restaurant Stinking Rose › **S. 36** tut alles, um seinem Namen gerecht zu werden. Auf der Speisekarte steht für hartgesottene Gourmets ein Brathähnchen, dem 40 Knoblauchzehen eine unverkennbare Note verleihen.

(14) **Ankerbräu** Nach einer Brauereitour kann man in der seit 1896 produzierenden Anchor Brewing Company [H5] echt San Franciscanischen Gerstensaft probieren (1705 Mariposa St., www.anchorbrewing.com; 1,5 Std., 23,50 $).

(15) **Aus den Kellern von Sonoma und Napa** Einen Überblick, welch gute Tropfen in Kalifornien gekeltert werden, erhält man bei einer Weinprobe im Winery Collective [F2] (485 Jefferson St., Tel. 415-929-9463, www.winerycollective.com; So–Do 13–20, Fr–Sa 12–21 Uhr).

(16) US-Klassiker Für Nichtvegetarier ein Muss: ein deftiges Steak mit *mashed* oder *baked potatoes*. Als eines der besten Steakhäuser der Stadt gilt das House of Prime Rib [F3] am Fuß von Nob Hill (1906 Van Ness Ave., Tel. 415-885-4605, www.houseofprimerib.net).

(17) Unamerikanisches Brot Wie wäre es mit einem Torpedo-Brötchen? Einem Olivenbrot oder einem süßen Zimtlaib? Die Acme Bread Company im Ferry Building › S. 68 sorgt für Highlights der Backkunst (www.acmebread.com; Mo bis Fr 7–19.30, Sa–So 8–19 Uhr).

(18) Tee spezial Weiße, schwarze, grüne, Tees, Oolongs, Pu-Erhs ... Im Teeimperium Red Blossom Tea Company [G3] in Chinatown wird die hohe Schule der Teezubereitung demonstriert (831 Grant Ave., Tel. 415-395-0868, www.redblossomtea.com; Mo–Sa 10–18, So 11–18 Uhr).

(19) Nachtisch auf Thai Wer zu wissen glaubt, wie Reispudding schmeckt, kennt die Thai-Version der beliebten Süßspeise aus Kokosnuss und schwarzem (!) Reis von Kin Khao [G3] nicht (55 Cyril Magnin St., Union Square, Tel. 415-362-7456, www.kinkhao.com).

(20) Cooler Drink für Beatliteratur-Fans Jack Kerouac ist nicht nur zwischen Buchdeckeln einen Versuch wert, sondern auch im Cocktailglas im Vesuvio Café › S. 88: aus Rum, Tequila, Orangen-, Cranberry- und Limonensaft gemixt.

(21) Preisgünstig und lecker Wer sich mit thailändischem Pad Thai & Beef Panang Curry oder Gelbem Curry für jeweils 7 $ anfreunden will, kommt zum Brunch in den Wat-Mongkolratanaram-Tempel in Berkeley (1911 Russell St., South Berkeley; So 10–13 Uhr).

(22) Alles Käse Einmalig ist die Auswahl an regionalen Milchprodukten im Cowgirl Creamery's Artisan Cheese Shop im Ferry Building › S. 68: Käsesorten aus Biomilch wie Mount Tam und rezenterer Devil's Gulch, milder Wagon Wheel sowie Chimney Rock mit Spuren von Muskateller und Shiitake-Pilzen (Tel. 415-362-9354, www.cowgirlcreamery.com; Mo–Fr 10–19, Sa 8–18, So 10–17 Uhr).

... bestaunen sollten

(23) Herzschlagpanorama Von den vielen Postkartenansichten der Stadt gehört der Blick vom Baker Beach › S. 106 auf die Golden Gate Bridge zu den beeindruckendsten – speziell bei Sonnenuntergang.

(24) Knitterlook Der Neubau des Museum of Modern Art › S. 66 mit seiner geriffelten, geschwungenen Kunststofffassade spaltet die Gemüter. Machen Sie sich selbst ein Bild!

(25) Kifferkreuzung An der Ecke Haight und Ashbury Street › S. 116 zeigt eine Uhr mit 4.20 Uhr p.m. seit Jahrzehnten dieselbe Zeit an.

Kunstvolle Murals zieren das Women's Building im Mission District

Der Grund: Zu Hippiezeiten war das der Polizeicode für heimliche Verabredungen von Dopekonsumenten.

(26) Ein seltener Prototyp Wie sich Walt Disney die Originalversion des ersten Vergnügungsparks Disneyland vorstellte, zeigt ein 3 m großes Modell im Walt Disney Family Museum › **S. 105**.

(27) Bunte Frauenpower Das bis zum Dachgiebel mit kunstvollen feministischen Motiven bemalte Women's Building › **S. 130** gilt als Ikone der Mural Arts.

(28) Alien-Brunnen Die Vaillancourt Fountain › **S. 71** an der Justin Herman Plaza ist für die einen außerirdisch hässlich, für die anderen ein kubistisches Meisterwerk.

(29) Kabellos geht nicht Neben dem Golden Gate Bridge Welcome Center ist der 92 cm (!) dicke Abschnitt eines der Haupttragekabels der Brücke › **S. 100** zu sehen, über dessen Mächtigkeit man sich nur wundern kann.

(30) Heimtückische Flora Besondere Schaustücke sind Schlauch- oder Kannenpflanzen, die Insekten in bauchige Behältnisse locken und mit speziellen Enzymen verdauen. Im Conservatory of Flowers › **S. 112** sind mehrere Arten zu sehen.

(31) Adrenalin am Steuer Mit einer atemberaubenden Autojagd hat der Actionkrimi »Bullitt« mit Steve McQueen 1968 Filmgeschichte gemacht. Cineasten erkennen u. a. die Filbert Street › **S. 91** mit dem Coit Tower im Hintergrund als Teil der Rennstrecke.

(32) Schönste Freilufttreppe Die 16th Avenue Tiled Steps [B6] mit 163 bemalten Stufen sehen aus wie ein Riesenmosaik (Moraga St., 15th & 16th Ave., Golden Gate Heights, www.16thavenuetiledsteps.com).

(33) Aussichten mit Kultcharakter Von keiner Panoramastraße präsentieren sich San Franciscos Skyline und das Goldene Tor so umwerfend wie von der Conzelmann Road in den Marin Headlands › S. 134.

... mit nach Hause nehmen sollten

(34) Torbild Ein Besuch von San Francisco ohne ein Selfie oder Porträt mit der Golden Gate Bridge im Hintergrund geht gar nicht. Spektakulär ist das Motiv unter der Brücke bei Fort Point › S. 104.

(35) Nebel für zu Hause Wie eine Schneekugel funktioniert der Golden Gate Bridge Fog Globe. Schüttelt man das gläserne Teil, zeigt sich die Golden Gate Bridge im Inneren realitätsnah im Nebel (erhältlich u. a. im im Golden Gate Bridge Welcome Center › S. 101; 28,95 $).

Exotische Ingredienzien aus Chinatown

(36) Love conquers hate So ist das Motto einer Produktlinie des Human Rights Campaign Store › S. 125 in Castro. Ein hübsches Bekenntnis zu mehr Toleranz (z.B. Messenger Bag oder T-Shirt für 29 $).

(37) Souvenir für Hungrige Im Besucherzentrum der Transamerica Pyramid › S. 72 gibt es Cookies in Form des städtischen Wahrzeichens. Sie halten sich auf jeden Fall bis zur Heimkehr.

(38) Der Sound von San Francisco Ein typisches Mitbringsel ist eine originalgetreue Kopie einer Schaffnerglocke einer Kabletram, so wie sie im Souvenirshop im Cable Car Museum › S. 82 zu haben sind (je nach Größe ab ca. 37 $).

(39) Grüße aus dem Promi-Knast Stilechte Mitbringsel von Alcatraz Island › S. 92 sind Kaffeebecher mit Knastaufdruck (ab 2,50 $), Zellenschlüssel und Handschellen (3,99 $) aus dem Alcatraz Gift Shop (www.alcatrazgifts.com).

(40) Naturheilkräfte Selbst ungewöhnliche Heilpflanzen, die man in Europa gar nicht oder nur selten kennt, werden in speziellen Läden in Chinatown angeboten, wie bei Tung Fong Herbs [G3] (101 Waverly Place, Tel. 415-296-7591).

(41) Ein Hauch Nepal Wem der Sinn nach asiatischem Modeschmuck, bunten Wandbehängen und psychodelischer Musik steht, kommt in Haight-Ashbury auf seine

Kosten, etwa bei Dreams of Kathmandu [E5] (1352 Haight St., Tel. 415-255-4968).

42 Echt riesig Im Shop in den Muir Woods › S. 138 werden geschnitzte Mitbringsel verkauft, die nicht aus irgendeinem Holz sind, sondern aus dem jahrhundertealten »Baustoff« gigantischer Redwood-Mammutbäume.

… bleiben lassen sollten

43 Zum Restauranttisch durchstarten Sich in einem Lokal einfach an einen x-beliebigen Tisch zu setzen, widerspricht den guten Umgangsformen. Außer in Fastfood-Restaurants heißt es also am Eingang: *Please wait to be seated,* bis man vom Servicepersonal einen Platz angewiesen bekommt.

44 Alkohol Open Air Lassen Sie sich in der Öffentlichkeit nicht mit einer geöffneten Flasche Bier oder Wein erwischen. Wenn es schon ein Schluck auf einer Parkbank sein muss, stecken Sie das Getränk unbedingt in eine Papiertüte *(brown bag)*. Sie machen sich sonst strafbar.

45 Polizisten entgegenkommen Kommt man unterwegs in eine Polizeikontrolle, sollte man tunlichst nicht aussteigen, sondern im Wagen sitzen bleiben, die Hände sichtbar ans Lenkrad bzw. auf die Konsole legen und den Weisungen der Polizisten genau folgen.

46 Falsche Parktechnik Parken Sie an einer der zahlreichen Steigungen in der Stadt niemals, ohne die Räder zum Bordstein hin einzuschlagen, um ein unkontrolliertes Wegrollen zu verhindern. Sie riskieren sonst auch einen Strafzettel.

47 Große Scheine Wer mit öffentlichen Bussen fahren will und kein (Mehr-)Tagesticket hat › S. 27, sollte immer darauf achten, genügend Kleingeld bei sich zu haben, weil man jeweils den exakten Betrag entrichten muss. Wer zu viel zahlt mit einem größeren Schein, bekommt kein Wechselgeld zurück.

48 Dem Taxi winken Versuchen Sie nicht, ein Taxi › S. 26 vom Straßenrand aus auf herkömmliche Weise anzuhalten – in San Francisco ist das keine übliche Praxis. Rufen Sie stattdessen mit Ihrem Handy oder Smartphone bei der Taxizentrale an (Tel. 415-333-3333).

49 Blanken Fußes unterwegs Im lockeren San Francisco kann man sich zwar zwanglos geben. Aber in Flip-Flops abends im Lokal oder barfuß einkaufen geht gar nicht. Persönlicher Stil wird durchaus ermutigt, mangelnder Stil wird allerdings nicht toleriert.

50 Den Stadtnamen verballhornen Wenn Sie sich nicht als Greenhorn outen wollen, sollten Sie darauf verzichten, San Francisco »Frisco« oder »San Fran« zu nennen. Die Einwohner reden von ihrer Stadt respektvoll als »The City«.

Was steckt dahinter?

Die kleinen Geheimnisse sind oftmals die spannendsten. Wir erzählen die Geschichten hinter den Kulissen und lüften für Sie den Vorhang.

Warum heißt der Telegraph Hill auch »Der Hügel, der um die Welt reiste«?

Um die Wende vom 19. zum 20. Jahrhundert wurde der Hafen von San Francisco von Segelschiffen mit Fracht aus aller Welt angelaufen. Auf der Heimreise mussten die leeren Schiffe zwecks Stabilität mit Ballast beschwert werden. Der Telegraph Hill › **S. 90** diente bis 1914 als Steinbruch, dessen Material um die halbe Welt transportiert wurde. Die gesprengten Felsen wurden aber auch zum Straßen- und Hausbau sowie zum Auffüllen der Bucht verwendet, um neuen Grund und Boden zu schaffen.

Warum gibt es in San Francisco keinen regulären Friedhof?

Eine Metropole mit fast 1 Mio. Einwohner ohne Friedhof – vom historischen Friedhof in der Mission Dolores › **S. 128**, einem Veteranenfriedhof und einem Hundefriedhof im Presidio abgesehen? Tatsächlich hat San Francisco innerstädtische Friedhöfe schon 1901 abgeschafft. Der Grund war Platzmangel, weil das Stadtgebiet auf drei Seiten von Wasser umgeben ist. Die meisten Toten »wohnen« in der Nekropole Colma südlich der Stadt. Die 1500 Einwohner haben sich daran gewöhnt, dass sie gegenüber 1,5 Mio. Verblichenen in der Unterzahl sind.

Was macht Yoda aus »Krieg der Sterne« im Presidio Park?

Im Nordosten des Presidio Park werden Besucher am Letterman Digital and New Media Arts Center von der Brunnenstatue des 900 Jahre alten, grün-runzligen Jedi-Ritters Yoda empfangen. Der Hintergrund ist: Man befindet sich am Hauptquartier des Firmenimperiums von George Lucas, dem geistigen Vater der »Star Wars«-Saga. 2005 zog der Starregisseur mit seinen Film- und Medienbetrieben auf den Campus des ehemaligen Army-Hospitals.

Warum steht im Mission District ein goldener Feuerhydrant?

18. April 1906, 5.12 Uhr: *The Big One* rüttelt San Francisco durch. Was nach Minuten noch nicht vom Erdbeben zerstört ist, wird ein Raub der Flammen, die sich durch ausströmendes Gas entzündet haben. Tagelang fressen sich die Feuerwalzen durch die Stadt. Die Wasserversorgung der Feuerwehr wird immer problematischer. Obwohl zwischen Noe Valley und Mission District kein Löschwasser mehr fließt, spendete ein Hydrant an der Ecke 20th & Church Street noch das benötigte Nass. Schon vor Jahren wurde der rettende Wasserspender mit einem goldfarbenen Anstrich markiert, der jedes Jahr am Jahrestag des Erdbebens erneuert wird.

San Franciscos City kann man auch sportlich per Radführung erkunden

REISE-PLANUNG & ADRESSEN

Die Stadtviertel im Überblick

»Eines Tages, wenn ich in den Himmel komme, werde ich mich umsehen und sagen: »Nicht schlecht, aber es ist nicht San Francisco«. Der Journalist Herb Cain (1916–1997) wusste, wovon er redete. Seine Kolumnen erschienen Tag für Tag im »San Francisco Chronicle«, er kannte die Stadt wie seine Westentasche. Die Einwohner verliehen ihm deshalb den Ehrentitel »Mr. San Francisco«.

Es hört sich klischeehaft an, aber es stimmt: San Francisco ist keine Stadt wie jede andere. Sie existiert in mindestens einem Dutzend Variationen, wenn man die einzelnen Stadtteile so nennen darf. Diese Viertel *(neighborhoods, districts)* sind zwar alle Teile eines Ganzen, für sich genommen aber teilweise so unterschiedlich, dass man sich fragen muss, wie die Puzzlestücke überhaupt zusammenpassen.

Fängt man im **südlichen Zentrum** der Stadt mit den Blocks und Straßenzügen um den lauten und quirligen Union Square an, fühlt man sich an das rastlos pochende Herz einer ganz normalen amerikanischen Großstadt erinnert. Shoppingzentren, schicke Boutiquen aller gängiger internationaler Labels, noble Hotels mit Tradition und Originalität, Kunstgalerien, Theaterbühnen. Hier laufen die Nervenstränge von Downtown wie in einem Knoten zusammen, um den herum sich andere zentrale Distrikte gruppieren. South of Market zum Beispiel, wo sich im ehemals schäbigen Industrieviertel in den letzten Jahren und Jahrzehnten Start-up-Unternehmen, Museen, hippe Bars, Klubs und Cafés um die grüne Oase Yerba Buena Gardens niedergelassen haben. Statt schmuddelig ist heute schick die Devise. Geradezu ein Eigenleben führt der sachlich-nüchterne Finanzdistrikt im Schatten der höchsten Wolkenkratzer.

Daran gedacht?

Einfach abhaken und entspannt abreisen

- ☐ **Reisepass**
- ☐ **ESTA-Registrierung spätestens 72 Stunden vor Reiseantritt** **› S. 150**
- ☐ **Kreditkarte/EC-Karte**
- ☐ **Flugtickets**
- ☐ **Unterkunfts-Voucher/-Buchungsbestätigung**
- ☐ **Führerschein und ggf. Mietwagen-Voucher**
- ☐ **Auslandskrankenversicherung**
- ☐ **Ständig benötigte Medikamente bzw. Rezeptkopien dafür**
- ☐ **Scans auf Datenträgern bzw. Kopien der persönlichen Dokumente**
- ☐ **US-Steckeradapter und Ladegeräte/-kabel** **› S. 150**

Viktorianische Häuserzeile im wohlhabenden Stadtteil Nob Hill

Nach Feierabend und am Wochenende verschwindet die Hektik dort so schnell wie Börsenspekulanten, Banker und ihr Fußvolk, das sich am Embarcadero mit Blick auf die Bucht und die Oakland Bay Bridge von fallenden Aktienkursen erholen oder in den neoklassizistischen Tempeln um das Civic Center nach kultureller Erbauung suchen kann.

Ein kurzes Wegstück entfernt zeigt sich im **nördlichen Zentrum** Nob Hill etwas selbstgefällig im verblassten Glanz seiner Vergangenheit, als sich auf dem Hügel im 19. Jh. die gesellschaftliche Crème de la Crème zusammenfand. Die kulturell am weitesten von Kalifornien entfernte Enklave liegt dem nördlichen Zentrum am nächsten: Chinatown, ein heilloses Durcheinander von Kitsch und Kommerz, Pagoden und Pekingenten, Laternen und Lampions. Hier findet man keinen nachgemachten Chop-Suey-Ableger, sondern ein fast authentisches Stück China, wenn man sich abseits der Touristenfalle Grant Avenue bewegt. Bescheidener geht es in North Beach zu, das seine italienischen Wurzeln mit Restaurants, Cafés und Delikatessenläden gebührend zelebriert und dabei den Reminiszenzen der literarischen Beatgeneration nach wie vor Platz einräumt. Nepp- und Nippesatmosphäre herrscht um die Piers von Fisherman's Wharf, wo sich mehr oder weniger abgeschmackte Attraktionen ihre Anteile am Besucherstrom mit historischen Schiffen, Ausflugsanbietern, einer Seelöwenkolonie, Restaurants und Imbissstationen teilen müssen.

San Franciscos Westen reicht von der Golden Gate Bridge über den Presidio National Park bis zum Golden Gate Park und schließt sowohl Pacific Heights mit seinen Parks und schönen Architekturzeugnissen als auch das ehemalige Hippieviertel Haight-Ashbury ein, in dem der Wind der Veränderung die Marihuanawolken der 1960er-Jahre verweht hat, das aber immer noch von seinem Blumenkinderflair profitiert.

San Franciscos Süden schließt mit The Castro das lebhafte Schwulen- und Lesbenviertel der Stadt ebenso ein wie den mancherorts noch immer lateinamerikanisch geprägten Mission District mit der historischen Mission San Francisco de Asis. Zu den Attraktionen gehören die mit Hunderten Wandmalereien *(murals)* dekorierten Straßenzüge, die den Stadtteil zur Open-Air-Kunstgalerie machen. Und vom nahen Doppelhügel Twin Peaks im gleichnamigen Viertel genießt man schließlich ein herrliches Panorama.

Klima & Reisezeit

Grundsätzlich herrscht in der Stadt ein vergleichsweise mediterranes, angenehmes, aber auch wechselhaftes Klima. Wer San Francisco als Reiseziel im Auge hat, kennt die Bilder: die von Nebelschwaden umwaberten Golden-Gate-Brücke, die wie schwerelos frei zu schweben scheint.

Meist um die Mittagszeit löst sich die Waschküchenatmosphäre auf, was man von erhöhten Standorten in den Marin Headlands gut beobachten kann. Besonders wenig Regen fällt im Sommer. Gewöhnlich müssen Touristen im Juli und August überhaupt nicht mit Niederschlägen rechnen, im September und Juni regnet es durchschnittlich einen Tag im Monat. Wärmster Monat ist der September mit Tageshöchstwerten von durchschnittlich um 25 °C. Auch Juli, August und Oktober bieten sich wegen der angenehmen Temperaturen für Stadtabenteuer an. Die Wassertemperaturen gehen in der Regel über 16 °C nicht hinaus. Die Winter sind mild, aber auch regenreich. Frost hat Seltenheitswert. Von Dezember bis Februar kommt das Thermometer nicht über 14 °C hinaus. Damit zählen diese beiden Monate zu den kältesten im Jahr. Nachts fallen die Temperaturen bis auf 8 °C. Nebel ist in den Wintermonaten kein Thema, dafür scheint trotz der niedrigen Temperaturen häufig die Sonne. Generell sind in der Stadt Klimaunterschiede typisch. D. h. am Goldenen Tor etwa kann es empfindlich kühl sein und im Stadtzentrum gleichzeitig hochsommerlich warm.

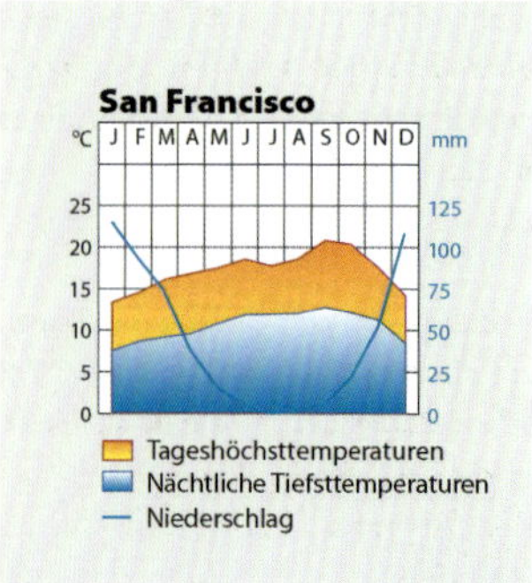

Bei einer durchschnittlichen Jahrestemperatur von 18,5 °C ist San Francisco am Klima-Jahresgang gemessen ein Ganzjahres-Reiseziel. Wer sich für die einzelnen Stadtviertel interessiert und die Sehenswürdigkeiten besuchen möchte, reist am besten im Frühjahr oder Herbst an, da dies die Zeit außerhalb der Hauptsaison und das Touristengedränge weniger groß ist. Hinzu kommt, dass September und Oktober die wärmsten Monate des Jahres und die Hotelpreise gegenüber dem Hochsommer bereits zurückgegangen sind. Für das Frühjahr spricht auch die Kirschblüte in Japantown und im Japanese Tea Garden, die beim Kirschblütenfest im April groß gefeiert wird.

Kirschblüte an der Pagode des Japan Center

Anreise

San Francisco wird von zahlreichen Fluglinien direkt oder mit Zwischenlandung bedient. Innerhalb der Bundesstaaten ist die Stadt wichtiger Knotenpunkt von Highways und Bahnlinien auf der Westküstenstrecke (Oregon, Washington) bzw. von Osten (Nevada) her.

Mit dem Flugzeug

Der San Francisco International Airport (SFO, www.flysfo.com) wird u. a. von Frankfurt und München aus nonstop von der Lufthansa angeflogen, ab Wien von Austrian und ab Zürich von Swiss. Ein Direktflug von diesen Flughäfen aus dauert ca. 11–12 Stunden. Andere Airlines bieten Flüge nur mit Zwischenstopp in den USA an, wodurch sich die Reisezeit um mehrere Stunden verlängert. Der Flughafen liegt 27 km südlich des Stadtzentrums. Eine praktische Möglichkeit, um nach Downtown zu gelangen, sind die Züge der Schnellbahn BART (Bay Area Rapid Transit). Der BART-Terminal ist mit der kostenlosen, automatisierten Flughafenbahn AirTrain verbunden (einfach 8,95 $). Eine Alternative sind Shuttlebusse (ca. 16 $) und Taxis (ca. 50–55 $). Alle Mietwagenfirmen sind am Airport vertreten.

Mit dem Auto

Aus Richtung Süden erreicht man die Stadt entweder über die Interstate 280, den Hwy. 101 oder die Küstenstraße Hwy. 1. Aus dem Osten führt die Interstate 580 Richtung San Francisco. Die Bucht überspannen auf dieser Route die San Mateo Bridge (5 $) und die Oakland Bay Bridge (5 $). Von Norden her führt der Hwy. 101 zur Golden Gate Bridge (elektronische Mautzahlung).

Mit der Bahn

San Francisco besitzt keinen Terminal für Fernzüge. Endhaltestelle für alle Bahnverbindungen ist Emeryville nördlich von Oakland, von wo Passagiere per Bus in die Stadt transportiert werden. Der Regionalzug Caltrain fährt nur von San José zur Caltrain-Station in Downtown (700 Fourth St. & King St., www.caltrain.com).

Stadtverkehr

San Francisco hat ein gut ausgebautes Nahverkehrsnetz. Wer hier aus eine Kalifornienrundfahrt per Mietwagen beginnt, sollte überlegen, das Fahrzeug eventuell erst nach dem Stadtbesuch anzumieten.

Auto

Zumindest in der kompakten Innenstadt ist ein Auto eher hinderlich. Viele Sehenswürdigkeiten sind zu Fuß erreichbar, Parkplätze sind rar und teuer. Wer mit dem Mietwagen unterwegs ist, sollte bei der Hotelwahl darauf achten, dass in der Unterkunft Parkplätze zur Verfügung stehen, wie viel sie kosten bzw. ob es in der Nähe öffentliche Parkmöglichkeiten gibt.

Öffentliche Verkehrsmittel

Die Stadt verfügt über ein gut ausgebautes Nahverkehrssystem. Der Verkehrsverbund MUNI (San Francisco Municipal Railway, www.sfmuni.com) betreibt eine historische Straßenbahn (Linie F zwischen Fisherman's Wharf und Castro), die in der Innenstadt unterirdisch verkehrenden Metrolinien J, K, L, M, N und T, ein umfangreiches Busnetz und die berühmten Cable Cars auf drei Linien in der Innenstadt.

Die Schnellbahn BART (Bay Area Rapid Transit, www.bart.gov) verbindet nicht nur Haltestellen in der Stadt, sondern auch Ziele im Großraum San Francisco wie etwa Berkeley, Oakland, Richmond und Fremont. Die Regionalbahn Caltrain fährt zwischen San Francisco und San José. Man muss mit ca. 90 Minuten zwischen San Francisco und San José rechnen. acht Stationen liegen innerhalb von San Francisco.

Taxis verlangen in San Francisco einen Grundpreis von 3,50 $ und für jeden gefahrenen Kilometer 1,72 $ (Fahrtpreisrechner: www.taxi-rechner.de/taxikosten-san_francisco/271). **50 Dinge (48) › S. 17.**

Schiff

Anlegestellen der San Francisco Bay Ferries (sanfranciscobayferry.com) im Innenstadtbereich sind Pier 41, Ferry Building und AT&T Park. Von dort gibt es Verbindungen nach South San Francisco, Mare Island, Vallejo und an

Über den Westabschnitt der Oakland Bay Bridge verläuft der Verkehr auf zwei Etagen

die East Bay, etwa nach Oakland, Berkeley und Alameda. Mit den Schiffen des Golden Gate Ferry Service (www.goldengateferry.org) kann man vom Ferry Building u. a. nach Sausalito, Tiburon and Larkspur fahren. Auch die Blue & Gold Fleet (www.blueandgoldfleet.com) sorgt für Verbindungen in der Bucht, etwa nach Angel Island und Oakland. Preisbeispiele: Die Fahrt von Pier 41 nach Oakland/Alameda kostet für Erw. 6,60 $ (einfach), Senioren ab 65 J. und Kinder 5–18 J. 3,30 $; vom Ferry Building nach Vallejo für Erw. 13,80 $, Senioren ab 65 J. und Kinder 5–18 J. 6,90 $.

Fahrrad

Zahlreiche Bikeshops verleihen Fahrräder. Aber es gibt auch das städtisches Leihsystem Bay Area Bike Share. Für Touristen ist eine 24-Stunden- oder 3-Tages-Mitgliedschaft möglich (9 bzw. 22 $ bei einer Bike-Share-Station). Bei der Ausleihe wird eine Kaution in Höhe von 101 $ über die Kreditkarte fällig, was viele potenzielle Nutzer abhält. Außerdem sind die Räder ziemlich schwer (www.bayareabikeshare.com).

SEITENBLICK

Fahrscheine

Eine Cable-Car-Fahrt kostet 7 $. Bezahlt wird beim Schaffner (keine großen Scheine). MUNI-Busse, MUNI-Metro und die Linie-F-Straßenbahnen kosten für Erwachsene 2,75 $, Kinder 5–18 J. und Senioren 65 J. und älter 1,35 $ (einfache Fahrt). Visitor Passports gibt es für 1, 3 und 7 aufeinanderfolgende Tage (21, 32 und 42 $) und sind unbegrenzt für MUNI-Verkehrsmittel gültig (nicht für BART). Verkaufsstelle ist u. a. das Visitor Center S. 152 (Lower Hallidie Plaza). Einzelfahrkarten für die MUNI-Metro kauft man an Automaten oder beim Busfahrer. BART-Fahrkarten gibt es an Automaten in den U-Bahn-Haltestellen (Ticketpreise je nach Distanz. Preisbeispiel: Civic Center nach Oakland 3,45 $). **50 Dinge** (47) › **S. 17.**

SPECIAL

Mit Kindern in der Stadt

Trotz Großstadttrubel ist San Francisco ein spannender Abenteuerspielplatz, auf dem es auch für Kinder jede Menge zu entdecken und zu erleben gibt, angefangen mit einer Cable-Car-Fahrt oder einem Besuch bei den Seelöwen von Fisherman's Wharf › **S. 92**.

Selbst machen!

Spaß macht Kindern, wenn sie sich aktiv betätigen können. Das **Children's Creativity Museum** ist eine solche Mitmacheinrichtung mit Animations- und Musikstudios und Techniklaboren, die auch einen Lerneffekt haben (nächste BART-Haltestelle Powell St. Station).

Eine wahre Schatztruhe für kleine Besucher ist das **Bay Area Discovery Museum** in Sausalito › **S. 136**. In den sieben zum Teil im Außenbereich liegenden Spielsektionen und mit Programmen (für ca. 6–10 J.) sollen Interesse und Kreativität der Kinder geweckt werden, ob in einem künstlichen Regenwald, einem Künstlerstudio oder einem interaktiven Entdeckerpark (Busse 47 u. 30 ab Fisherman's Wharf).

Wo sonst als im **Exploratorium** › **S. 68** können sich Kinder von einem Tornado umwirbeln lassen, die Wachstumsringe eines 300 Jahre alten Baumes zählen oder einen elektrischen Schaltkreis bauen? An Dutzenden interaktiver Installationen können Neugierige ihre Kreativität ausleben (Linie F).

Für jedes Alter interessant ist ein Besuch der **California Academy of Sciences** mit ihrem Aquarium, Regenwald und Planetarium. Es gibt auch *Hands-on*-Programme für die »Nachwuchswissenschaftler«.

- **Children's Creativity Museum** [G4]
  221 4th St. | SoMa
  Tel. 415-820-3320 | creativity.org
  Mi–So 10–16 Uhr, Erw. und Kinder ab 3 Jahren 12 $

 Das Exploratorium begeistert auch die Kleineren für die Wissenschaft

- **Bay Area Discovery Museum**
  557 McReynolds Rd. | Sausalito
  Tel. 415-339-3900
  http://bayareadiscoverymuseum.org
  Mo–Fr 9–16, Sa–So 9–17 Uhr, 13,95 $, 1. Mi im Monat Eintritt frei

Für kleine Tierfreunde

Eine klassische Kinderattraktion ist der **San Francisco Zoo** mit seinen gut 2000 Tieren von Rotluchs über Grizzlybär und Seelöwe bis zu Zebra, Tiger und Känguru. Auch eine Dampflok, ein Karussell und ein Spielplatz sorgen dafür, dass keine Langeweile aufkommt (MUNI-Busse 18 und 23 halten am Zoo).

Der **Oakland Zoo** präsentiert Tiere etwa afrikanischer Savannen und Regenwälder. Außer einem Children's Zoo gibt es Fahrbetriebe wie den Tiger Trek, Achterbahn, Karussell, Outback Express Adventure Train und einen Sessellift. Die Family Sundown Safari schließt nicht nur eine Übernachtung im eigenen Zelt und Schlafsack ein, sondern u. a. ein Abendessen, Führungen und Rendezvous mit Tieren (90 $/Pers.).

Im **Aquarium of the Bay** › S. 68 bei Fisherman's Wharf sind über 20 000 Meerestiere von grazilen Quallen und Leopardenhaien bis zu Kraken, Fledermausrochen und Drachenköpfen die Hauptdarsteller. Ein Highlight sind zwei Acryltunnel, in denen die Besucher trockenen Fußes über den Meeresboden gehen können. Wer sich traut, kann in speziellen Becken Seesterne, kleine Haie und Stachelrochen berühren (Straßenbahn Linie F).

- **San Francisco Zoo & Gardens**
  Sloat Blvd. | Great Highway
  Lake Merced Park
  Tel. 415-753-7080 | www.sfzoo.org
  Tgl. 10–17 Uhr, Erw. 15–64 J. 20 $, Senioren ab 65 J. 17 $, Kinder 4–14 J. 14 $
- **Oakland Zoo**
  9777 Golf Links Rd. | Oakland
  Tel. 510-632-9525
  www.oaklandzoo.org
  Tgl. 10–16 Uhr, Erw. 15–64 J.19,75 $, Senioren ab 65 J. und Kinder 2–14 J. 15,75 $

Alle Mann an Bord!

Zu den populärsten Familienausflügen gehört der einstündige **Golden Gate Bay Cruise,** bei dem man unter der Golden Gate Bridge hindurchschippert und eine Runde um die Insel Alcatraz dreht.

- **Red & White Fleet**
  Pier 43 ½ | Fisherman's Wharf
  Tel. 415-673-2900
  www.redandwhite.com
  Erw. 32 $, Kinder 5–17 J. 22 $

Anmutige Quallen im Aquarium of the Bay

Sport & Aktivitäten

San Francisco bietet mit seinen grünen Lungen reichlich Möglichkeiten, selbst aktiv zu werden. Aber auch wer lieber anderen beim Sport zuschaut, kommt auf seine Kosten.

Freizeitsport

Um sich im Freien zu bewegen, gibt es in San Francisco massenhaft Gelegenheiten. Das reicht von den diversen Stadtparks bis zu den außerhalb der Stadt gelegenen Gebieten z. B. im Marin Country › **S. 134**.

In der Stadt selbst sind drei Naturrefugien empfehlenswert: der Presidio National Park › **S. 104**, der Lincoln Park › **S. 106** und vor allem der Golden Gate Park › **S. 108**. Man kann Fahrräder ausleihen, Wanderwege und Rollerblade-Pisten nutzen oder sich beim Bootfahren auf dem Stowe Lake vom Sightseeing erholen. Außerdem stehen Volleyball-, Basketball- und Tennisplätze sowie Möglichkeiten zum Golfen oder Bowlen zur Verfügung. Das westliche Ende des Golden Gate Parks grenzt an den Ocean Beach, ein beliebtes Surfrevier, das sich aber auch für Strandspaziergänge eignet.

Am 3. So im Mai geht das Bay to Breakers Race über 12 km zwischen Bucht und Pazifik über die Bühne. Der Lauf unterstreicht nicht nur den Sportsgeist der Bevölkerung, sondern demonstriert auch ihren Sinn für Humor und ihr Lebensgefühl (www.baytobreakers.com).

Im Lincoln Park kann man in einmaliger Lage golfen

Zuschauersport

Zuschauersport besitzt hohen Popularitätswert. Das gilt v. a. für die drei Sportarten American Football, Baseball und Basketball. San Francisco hat zwei Teams in den Profiligen: die Football-Mannschaft San Francisco 49ers (www.49ers.com), die ihre Spiele seit der Saison 2014 im Levi's Stadium in Santa Clara austrägt, und das Baseballteam San Francisco Giants (www.mlb.com/giants), die ihr Heimstadion im AT&T Park am Embarcadero haben. Mit von der Partie im Profisport sind die Footballer Oakland Raiders (www.raiders.com) und die ebenfalls in Oakland beheimateten Basketballer Golden State Warriors (www.nba.com/warriors).

Unterkunft

Wirklich preisgünstige Unterkünfte in San Francisco? Das ist etwa so einfach wie die viel zitierte Nadel im Heuhaufen zu finden.

Dass die Hotellerie ebenso wie die Gastronomie in San Francisco grundsätzlich hochpreisig sind, verdankt die Stadt ihrer internationalen Reputation als First-Class-Reiseziel. Einen zusätzlichen Schub hat dem Preisauftrieb die Nähe zum Dotcom-Paradies Silicon Valley und die damit verbundene Gentrifizierung › **S. 46** verschafft.

Ein dritter Punkt sind neben den ausgeschriebenen Hotelpreisen zusätzlich die Kosten wie eine 14-prozentige Belegungssteuer, eine 0,195-prozentige kalifornische Tourismussteuer und je nach Lage einer Unterkunft ein 1,5- bis 2,25-prozentiger Touristenaufschlag. Wird ein Hotelpreis beispielsweise mit 349 $ angegeben, können tatsächlich 406 $ daraus werden. Budgetschonend sind unter diesen Voraussetzungen am ehesten Hostels und Kettenmotels.

Luxuriös

Holiday Inn Fisherman's Wharf €€€ [F2]

Das Hotel in einem Hochhaus liegt drei Häuserblocks von einer Cable-Car-Haltestelle und 10 Min. zu Fuß vom Fährhafen entfernt. Frühstück und Parken (59 $) kosten extra. Kinder bis 19 J. übernachten kostenlos.

- 1300 Columbus Ave.
  Fisherman's Wharf
  Tel. 415-771-9000 | www.ihg.com

Inn at Union Square €€€ [G3]

Noch zentraler übernachten könnte man nur im Zelt auf dem Union Square. An den Zimmern gibt es nichts zu kritisieren, außer dem Straßenlärm auf der Frontseite. WLAN, Frühstück und kleine Happen mit Wein am Abend gehören zum Angebot.

- 440 Post St. | Union Square
  Tel. 415-397-3510
  www.unionsquare.com

Beck's Motor Lodge €€–€€€ [F5]

Die renovierten Räume des Motels aus dem Jahr 1958 kommen ohne Schnickschnack aus, sind aber mit Kühlschrank, Kaffeemaschine und WLAN ausgestattet. Auf dem Dach stehen Bienenstöcke zur Stärkung der weltweit gefährdeten Bienenpopulation.

- 2222 Market St. | Castro
  Tel. 415-621-8212
  www.becksmotorlodge.com

Mittelklasse

Beresford Hotel €€ [G3]

An der bevorzugten Lage zwei Blocks vom Union Square entfernt gemessen ein Schnäppchen. Die 114 Zimmer im »klassischen britischen Stil« bieten eigenes Bad, TV, Kühlschrank, WLAN und Telefon. Zum Haus gehört auch die White Horse Tavern & Restaurant.

- 635 Sutter St. | Union Square
  Tel. 415-673-9900
  www.beresford.com

Columbus Motor Inn €€ [F2]
Das Inn punktet trotz nüchtern eingerichteter Zimmer mit seiner günstigen Lage nur 15 Gehminuten vom Pier 39 entfernt. Gratis-WLAN und Parkplatz.

- 1075 Columbus Ave. | North Beach
Tel. 415-885-1492
www.columbusmotorinn.com

Lombard Inn €€ [F3]
Von außen ist der ältliche Zweckbau nicht erste Sahne. Aber wer eine praktische, zentrumsnahe Unterkunft mit kostenlosem Parkplatz und WLAN sucht, wird das Motel mit seinen großen Zimmern und extralangen Betten schätzen.

- 1475 Lombard St. | Marina
Tel. 415-441-6000
www.lombardmotorinn.com

Orchard Garden Hotel €€ [G3]
Ökowandfarben und -teppiche, Seife auf Sojabasis, chemiefreie Putzmittel: Neben Umweltbewusstsein ist auch für Komfort gesorgt, beim Sundowner oder beim Frühstück auf der Dachterrasse mit Blick auf die Wolkenkratzer.

- 466 Bush St. | Union Square
Tel. 415-399-9807
www.theorchardgardenhotel.com

San Remo Hotel €€ [G2]
Nostalgiker mögen das viktorianische Ambiente mit blumig eingerichteten Zimmern. In den Etagenbädern sind Badewanne und Dusche getrennt, es gibt Gratis-WLAN, aber kein Telefon, kein TV und keinen Aufzug. Mit dazugehörigem italienischem Restaurant.

- 2237 Mason St. | North Beach
Tel. 415-776-8688
www.sanremohotel.com

Günstig

Ocean Park Motel €€
Das erste, 1937 eröffnete Motel der Stadt wird Art-déco-Fans gefallen. Das Motto des Hauses mit farbenfrohen Zimmern und kleinem Pool im Freien ist »Lassen Sie hier Ihr Herz zurück, nicht Ihre Brieftasche«.

- 2690 46th Ave. | Sunset District
Tel. 415-566-7020
www.oceanparkmotel.com

Die kunterbunte Designerlobby des Boutiquehotels Triton

Days Inn San Francisco Downtown €–€€ [F4]
Extravagante Ansprüche darf man an das typische Kettenmotel nicht stellen. Aber die Betten sind in Ordnung, die Zimmer mit Kühlschrank und Mikrowelle ausgestattet. WLAN und ein kleines Frühstück sind im Preis inbegriffen.
- 465 Grove St. | Civic Center
  Tel. 415-864-4040
  www.wyndhamhotels.com/days-inn

Motel 6 San Francisco €–€€ [F4]
Mitten im etwas heruntergekommenen Stadtteil Tenderloin gelegenes Kettenmotel mit ordentlicher Basisausstattung. Nachts sollte man in der Gegend Vorsicht walten lassen. Kostenlose Parkplätze gibt es nur in begrenzter Zahl.
- 895 Geary St. | Downtown
  Tel. 415-441-8220 | www.motel6.com

The Willows B&B Inn € [F5]
Im gemütlichen B&B wird gemeinsam gefrühstückt, die Zimmer haben nur Waschbecken, Dusche und WC befinden sich auf dem Gang. Parken kostet 15 $ extra, WLAN ist kostenlos und Bus und Straßenbahn liegen gleich um die Ecke.
- 710 14th St. | Castro
  Tel. 415-431-4770
  www.willowssf.com

Hostels

USA Hostels San Francisco €–€€ [G4]
Vierbettzimmer mit oder ohne eigenem Bad ab ca. 46 $/Pers. Die einfachen Privatzimmer für 2 Personen haben TV, Kühlschrank, Mikrowelle und manche ein eigenes Bad, kosten aber mehr.
- 711 Post St. | Union Square
  Tel. 415-440-5600
  www.usahostels.com

! Erstklassig

Extravagante Designerhotels

- **The Kimpton Buchanan** €€€ [F3]
  Etwas streng, aber dennoch nicht unsympathisch wirkt das japanisch inspirierte Ambiente.
  1800 Sutter St.
  Lower Pacific Heights
  Tel. 415-921-4000
  www.thebuchananhotel.com
- **Laurel Inn** €€€ [E4]
  Zeitgenössischer Stil und Komfort sind die Pfunde, mit denen das außerhalb des Innenstadtrummels liegende Hotel wuchert.
  444 Presidio Ave. | Pacific Heights
  Tel. 415-567-8467
  www.laurel-inn.san-francisco-hotels-ca.com
- **Hotel Triton** €€€ [G3]
  Frisches Design und farbenfrohe Ausstattung mit goldfarbenen Sofas und modernen Wandmalereien machen den Reiz aus.
  342 Grant Ave. & Bush St.
  Union Square | Tel. 415-394-0500
- **Hotel Zephyr** €€–€€€ [G2]
  Schiffscontainerfronten, Stahlgeflecht, dazwischen Popeye. Man muss das bunte, unkonventionelle Industriedesign des Boutiquehotels mit seinen cool eingerichteten Zimmer mögen.
  250 Beach St.
  Fisherman's Wharf
  Tel. 415-617-6565
  www.hotelzephyrsf.com
  www.hoteltriton.com

Green Tortoise Hostel San Francisco € [G2]
In der gut in Schuss gehaltenen Unterkunft können Gäste in Mehrbett- oder Privatzimmern mit Gemeinschaftsbad nächtigen. Die zentrale Lage könnte für Downtown-Streifzüge besser kaum sein.
- 494 Broadway | North Beach
  Tel. 415- 834-1000
  www.greentortoisesf.com

HI San Francisco Fisherman's Wharf € [F2]
Eine gemütliche Lounge mit Kamin, ein Café, ein Movieraum und gepflegte Zimmer garantieren in diesem Hostel einen entspannten Aufenthalt. Frühstück, WLAN und Parkplatz sind inklusive.
- 240 Fort Mason | Marina
  Tel. 415-771-7277
  www.sfhostels.org/fishermans-wharf

Pacific Tradewinds Hostel € [G3]
Quirlig und für junge Leute passend. Wer Bitcoins hat, kann 10 % sparen. Der Normalpreis von 35–45 € gilt für ein Bett im Schlafsaal und ein Sandwich mit Erdnussbutter und Marmelade. Nur Mehrbettzimmer, dafür Wäscheservice.
- 680 Sacramento St. | Financial District
  Tel. 1-888/734-6783
  www.san-francisco-hostel.com

Essen & Trinken

Wenn stimmt, was pedantische Zahlenfreaks ausgerechnet haben, kommt im urbanen Schlaraffenland San Francisco auf jeweils 370 Einwohner ein Restaurant – US-Rekord! Mehr als ein halbes Hundert von ihnen dürfen sich mit einem oder mehreren Michelinsternen schmücken.

Nicht nur die Summe der Gastronomietempel ist beeindruckend. Seit den Goldrauschzeiten haben die unterschiedlichen Einwandererströme die Restaurantszene nachhaltig geprägt. Heißt: Es gibt so ziemlich alles, was man sich an ethnischen, nationalen und regionalen Küchen vorstellen kann. Peruanisch, französisch, italienisch, chinesisch, indisch, thailändisch, burmesisch, marokkanisch, äthiopisch, persisch … Selbst Spezialitäten von der Insel Guam sind zu haben.

Aber auch die Küche der Vereinigten Staaten selbst hat sich verändert und entspricht nicht mehr nur dem Klischee: ein Berg Pommes, ein Dreifachburger mit fetter Soße, ein Liter Cola und eine XXL-Portion Eiscreme. Der Hauptanstoß dazu kam aus Kalifornien und heißt »California Cuisine«. Seit den 1970er-Jahren bildete sich u. a. unter dem Einfluss der Chefin des Restaurants »Panisse« in Berkeley, Alice Waters, ein Kochstil mit Zutaten heraus, der unterschiedliche Ansätze miteinander kombiniert, was man auch als »Fusion Kitchen« bezeichnet. Das Credo der neuen Richtung ist die Verwendung frischer, saisonaler, kalorienreduzierter und gesunder Zutaten aus der Region.

San Francisco befindet sich diesbezüglich in einer vorteilhaften Situation. Einerseits liegt der Pazifik mit seinem opulenten Angebot an Fisch und Seafood direkt vor der Haustür. Andererseits liefert das 700 km lange und 80 km breite kalifornische Central Valley als Garten Amerikas so ziemlich alles an Obst und Gemüse, was in der Küche verwertet werden kann.

Seit Kurzem wird Regionales durch Zutaten ergänzt, die unter der Bezeichnung »Super Food« Furore machen. Dazu gehören z. B. geschmacksneutrale Chiasamen aus Mexiko, die voller Vitamine, Antioxidantien und Omega-3-Fettsäuren stecken sollen. Ein anderes Super Food ist Kale, hierzulande bekannt als Grünkohl, den Kalifornier häufig nicht kochen, sondern u. a. roh als Salat mit Wassermelone und Schafskäse verzehren.

Gehoben

Californios €€€ [G6]
Das mexikanisch inspirierte Probiermenü besteht aus 12 bis 16 ästhetisch zubereiteten Leckerbissen und belastet das Reisebudget mit 157 $ zzgl. 20 % Trinkgeld. Man kann hier aber auch preisgünstiger essen.

- 3115 22nd St. | Mission District
  Tel. 415-757-0994
  www.californiossf.com
  Di–Sa 17.30–21 Uhr, Reservierung erforderlich

China Live €€€ [G3]
Der Komplex beherbergt das Oolong Cafe, das noble Market Restaurant mit Show-Küche, eine Bar und ein Spezialitätengeschäft – alles unter einem Dach. Was das Reich der Mitte kulinarisch zu bieten hat, gibt es hier.

- 644 Broadway | Chinatown
  Tel. 415-788-8188
  www.chinalivesf.com
  So–Mi 11–22, Do–Sa 11–23 Uhr

Gary Danko €€€ [F2]
Ein kulinarischer Abstecher der besonderen Art: Das schicke Restaurant zaubert Köstlichkeiten von Maine-Lobster über Bisonbraten mit Spätzle bis Lachsmedaillons auf den Tisch. Den passenden Wein dazu findet man garantiert.

- 800 N. Point St. | Fisherman's Wharf
  Tel. 415-749-2060
  www.garydanko.com
  Tgl. 17.30–22 Uhr

Rue Lepic Restaurant €€€ [G3]
Französisches Lokal im Bistrostil, in dem eine Küchenchefin Regie führt, die japanische mit französischer Kochkunst zu kulinarischen Highlights verbindet.

- 900 Pine St. | Nob Hill
  Tel. 415-474-6070
  www.ruelepicsf.com
  Tgl. 17.30–22 Uhr

Seafood – vom Pazifik frisch auf den Tisch

Im Stinking Rose ist angesichts der Knoblauchküche der Name Programm

Mittlere Preislage

Farmerbrown €€ [G4]

Deftige kalorienhaltige Gerichte im Southern Style. Am Wochenende ist Schlangestehen angesagt zum Brunch mit Fried Chicken, Rührei, Schinken, Waffeln, Soßen und Mimosas für 26 $.

- 25 Mason St. | Tenderloin
  Tel. 415-409-3276
  www.farmerbrownsf.com
  Tgl. 10–14.30 und 17–21, Do–Sa bis 22 Uhr

The Stinking Rose €€ [G3]

Kein Restaurant, sondern eine Institution. Was die Nase in Aufruhr versetzt, sind Speisen mit Knoblauch-Überdosis. Pro Monat werden in der Küche 1350 kg verarbeitet. Ein Drei-Gänge-Menü gibt es für 30–35 $. **50 Dinge** ⑬ › **S. 13.**

- 325 Columbus Ave. | North Beach
  Tel. 415-781-7673
  www.thestinkingrose.com
  Tgl. 11.30–22 Uhr

Capo's €–€€ [G3]

Pizzen und Nudelgerichte wie von einem anderen Stern. Die Deep Dish Pizza ist ein famoser Import aus Chicago und hätte garantiert auch Gangsterboss Al Capone gemundet.

- 641 Vallejo St. | North Beach
  Tel. 415-986-8998
  www.sfcapos.com
  Di–Do, So 17–22, Fr–Sa 16.30–23 Uhr

Flores €–€€ [F3]

Jeder Restaurantbesuch wird zu einer mexikanischen Fiesta mit allem, was die mittelamerikanische Küche erfunden und weiterentwickelt hat. Von manchen Tischen aus kann man den Köchen auf die Finger schauen.

- 2030 Union St. | Cow Hollow
  Tel. 415-796-2926 | www.floressf.com
  Mo–Sa 17–22, Sa–So 11–15 Uhr

Izakaya Roku €–€€ [F5]

Dem legeren japanischen Restaurant genügt einfaches Ambiente, weil es hungrige Gäste lieber mit tollen Nudelsuppen, Hähnchenspießen und exotischen Überraschungen beeindruckt.

- 1819 Market St. | Castro
  Tel. 415-861-6500 | www.rokusf.com
  Di–So 17.30–22.30 Uhr

Leopold's €–€€ [F3]
Im urigen Gasthof mit bayerischem Interieur lässt sich jeder Heimwehanfall mit Weizenbier, Schnitzel oder Bratwürsten erfolgreich bekämpfen.
- 2400 Polk St. | Russian Hill
  Tel. 415-474-2000
  www.leopoldssf.com
  Tgl. 17.30–21.30, Sa–So Brunch 12–14.30 Uhr

Günstig

Eatsa € [H3]
Eine hippere Location für technikaffine Vegetarier mit Appetit auf Salate und Quinoa gibt es derzeit in San Francisco nicht. Bestellt wird im Automaten-Schnellrestaurant per App oder PC.
- 1 California St. | Financial District
  Tel. 415-930-4006 | www.eatsa.com
  Mo–Fr 7–17 Uhr

La Boulangerie € [G3]
Ein perfekter Tagesauftakt ist das französisch inspirierte Frühstück mit Croissant, ein leichter Lunch oder ein lecker kombinierter Salat. Preiswerter Standard ist »La Combo« für 10,25 $, bestehend aus Sandwich und Tagessuppe.
- 222 Sutter St. | Union Square
  Tel. 628-444-3532
  www.laboulangeriesf.com
  Tgl. 7–18 Uhr

Media Noche € [F6]
Im schnörkellosen mexikanischen Schnellrestaurant mit Alkohollizenz gibt es das knusprige Media Noche Sandwich für 11,50 $, stilecht in Papier gehüllt.
- 3465 19th St. | Mission District
  Tel. 415-655-3904
  www.medianochesf.com
  Mi–Mo 11.30–22 Uhr

! Erstklassig

Hervorragende Cafés

- **Four Barrel Coffee** € [F5]
  In die Tassen kommt der Sud aus selbstgerösteten Kaffeebohnen. Das Café verzichtet bewusst auf Gratis-WLAN.
  375 Valencia St. | Mission District
  Tel. 415-896–4289
  www.fourbarrelcoffee.com
  Tgl. 7–20 Uhr
- **Sightglass Coffee** €–€€ [G5]
  Riesengroßes, zweistöckiges Hipstercafé mit offener Galerie unter einer Holzbalkendecke. Teil des Lokals ist die Showrösterei.
  270 7th St. | SoMa
  Tel. 415-861-1313
  www.sightglasscoffee.com
- **Dynamo Donut & Coffee** [E2]
  Der steinerne Pavillon mit Selbstbedienung ist die einzige Verpflegungsquelle am Jachthafen. Und keine schlechte – Stammkunden loben besonders die legendären Donuts.
  110 Yacht Rd. | Marina
  Tel. 415-920-1978
  www.dynamodonut.com
  Fr 8–13, Sa 8–16, So 9–16 Uhr
- **Ritual Coffee Roasters** € [F6]
  Voll im Trend liegt dieses Refugium für Kaffeesüchtige. Hier wird besonderer Wert auf die Auswahl der Bohnen gelegt.
  1026 Valencia St.
  Mission District
  Tel. 415-641-1011
  www.ritualroasters.com
  Mo–Fr 6–20, Sa–So 7–20 Uhr

Kneipen

Mikkeller Bar €€ [G4]
Das Thema Bier wird hier extrem ernst genommen: Rund 50 Sorten werden, auf jeweils spezielle Temperaturen gekühlt, serviert. Dazu gibt's auch Bratwurstspezialitäten.
- 34 Mason St. | Tenderloin
  Tel. 415-984-9279
  www.mikkellerbar.com
  Do–Sa 12–2, So–Mi 12–24 Uhr

The Monk's Kettle €€ [G5]
28 Sorten Bier vom Fass und 150 aus der Flasche. Die Grundlage dafür schaffen respektable Gerichte aus der Küche.
- 3141 16th St. | Mission District
  Tel. 415-865-9523
  www.monkskettle.com
  So–Mi 12–24, Do-Sa 12–2 Uhr

Radio Habana Social Club € [G6]
Fantasievoll dekorierte Kneipe mit von der Decke hängenden Puppen, Vogelkäfigen und Plastikpflanzen sowie Wänden voller Fotos, Comics, Masken und Plunder. Serviert wird lateinamerikanische und mediterrane Küche.
- 1109 Valencia St. | Mission District
  Tel. 415-824-7659

Red Jack Saloon € [G2]
In der typischen Neigborhood Sports Bar sitzt man bei Bier und Pubfood zwischen Monitoren für Sportübertragungen. An der Wand hängt ein Dart Board mit dem Konterfei des nicht überall beliebten US-Präsidenten.
- 131 Bay St. | North Beach
  Tel. 415-989-0700
  Mo–Sa 13–2, So 9.20–2 Uhr

Shopping

Einkaufen zwecks Grundversorgung war gestern. Wer durch Malls und Einkaufszentren flaniert, merkt schnell, dass sich Shopping längst zur Freizeitpassion entwickelt hat und Teil der Erlebniswelt geworden ist.

In den USA gehört die Devise »Shop 'till you drop« genauso zum American Way of Life wie der Truthahn zu Thanksgiving. Und San Francisco hat da seine Eigenheiten, denn von einigen Megakonsumtempeln abgesehen, gibt es viele kleine Shops und große, unabhängige Geschäfte und Boutiquen. Edelmarken versammeln sich um den Union Square, Exotisches in Chinatown, Kulinarisches quer durch die Stadt, Schräges in Haight-Ashbury, Lateinamerikanisches im Mission District und Touristisches in Fisherman's Wharf. Spaß macht das Windowshopping auf der von Bäumen gesäumten hippen Fillmore Street zwischen Geary Boulevard im Süden und Washington Street im Norden, wo sich Mode- und Antiquitätengeschäfte, Läden für Haushaltswaren und Schmuck sowie Kunstgalerien aneinanderreihen. Auch die Union Street samt Seitenstraßen im Stadtteil Pacific Heights platzt vor lauter verführerischen Waren und Straßencafés zum Verschnaufen fast aus den Nähten.

Kaufhäuser und Malls

Macy's [G4]
Es gibt wohl keinen Touristen, der nicht wenigstens einen Blick hineinwirft in das Nobelkaufhaus mit Mode von Ralph Lauren, Calvin Klein und Levi's und einer verführerischen Kosmetikabteilung.
- 170 O'Farrell St. | Union Square
  Tel. 415-397-3333 | www.macys.com
  Mo–Sa 10–21, So 11–19 Uhr

Neiman Marcus [G4]
Das elegante Kaufhaus führt Designermode, -schuhe und -accessoires vom Feinsten und ist auch ohne Einkauf einen Besuch wert. Stilvoll speisen kann man im Restaurant »The Rotunda« › **S. 63** unter Buntglasgewölbe.
- 150 Stockton St. | Tel. 415-362-3900
  www.neimanmarcus.com
  Mo–Sa 10–19, Do 10–20,
  So 12–18 Uhr

Saks Fifth Avenue [G3]
In der Filiale des berühmten New Yorker Edelkaufhauses sind zahlreiche Premiumlabels aus dem Bereich Mode, Accessoires und Kosmetik unter einem Dach vereint.
- 384 Post St. | Tel. 415-986-4758
  www.saksfifthavenue.com
  Mo–Mi 10–19, Do–Sa 10–20,
  So 12–19 Uhr

Westfield San Francisco Centre [G4]
Die riesige Mall ist auf sechs Stockwerken prall gefüllt mit fast 170 Boutiquen, Kaufhäusern wie Nordstrom und Bloomingdale's, Fachgeschäften, Kinos, Food Court und Restaurants. Sogar in einem Tagesspa kann man sich aalen.
- 865 Market St. | SoMa
  Tel. 415-512-6776
  www.westfield.com/sanfrancisco
  Mo–Sa 10–20.30, So 11–19 Uhr

Das Nobelkaufhaus Macy's im Shoppingquartier Union Square

Bei Amoeba Music gibt es sogar noch LPs

Spezialgeschäfte

REI [H4]

Alles, was man Outdoor braucht oder gern hätte, bietet dieser Camping- und Sportausstatter an. Das Equipment ist in den USA häufig günstiger als daheim.

- 840 Brannan St. | SoMa
  Tel. 415-934-1938
  www.rei.com/stores/san-francisco.html
  Mo–Fr 10–21 , Sa–So 10–19 Uhr

Land of the Sun [D5]

Für junge oder jung gebliebene Hippies: Batikshirts, Schmuck, Schilder, Poster etc. aus der Flower-Power-Zeit.

- 1715 Haight St. | Haight-Ashbury
  Tel. 415-831-8646
  Tgl. 11–20 Uhr

SF Rock Posters & Collectibles [G2]

Nostalgie-Wanddekor: Konzertplakate von Grateful Dead, Janis Joplin und vielen anderen Rock- und Bluesgrößen, Eintrittskarten und andere Memorabilien.

- 1851 Powell St. | North Beach
  Tel. 415-956-6749
  www.rockposters.com
  Mo–Sa 10–18 Uhr

Valencia Pirate Supply [F6]

Laden für ungewöhnliche Souvenirs – auch für Kinder interessant. Piratenherzen schlagen höher beim Anblick von Bootsmannpfeife, Augenklappe, Hakenhand, abwaschbaren Tattoos und »Pillen« gegen Schwarzwasserfieber.

- 826 Valencia St. | Mission District
  Tel. 415-642-5905
  www.826valencia.org
  Tgl. 12–18 Uhr

MAC Pro [G4]

Alles für den schönen Schein: Professionelle Schminkutensilien und eine »Wimpernbar« lassen Frauenherzen in diesem Kosmetikshop bis zum Hals schlagen.

- 45 Powell St. | Union Square
  Tel. 415-402-0658
  www.maccosmetics.com
  Mo–Sa 10–21, So 10–20 Uhr

New People [F4]

Japanischer Shopping- und Entertainmentkomplex mit Kino, Geschäften und putzigem Teesalon. Einen Blick wert ist der Shop »Baby, the Stars shine bright« mit Gaga-Kinderkleidung im Lolitastil.

- 1746 Post St. | Japantown
  www.newpeopleworld.com
  Mo–Sa 12–19, So 12–18 Uhr

Bücher

Green Apple Books [D4]

Regalreihen voller gebrauchter und neuer Bücher, Tonträger, Spiele, Science-Fiction … Der vollgestopfte Laden animiert zum Stöbern. Eine Filiale gibt es auch in 1231 9th Avenue.

- 506 Clemens St. | Inner Richmond
  Tel. 415-387-2272
  www.greenapplebooks.com
  Tgl. 10–22 Uhr

Isotope Comics [F4]
Fantasy-Comicserie »Monstress«? Science-Fiction-Comics »Paper Girls«? Isotope hat eine Vielfalt von solchen Publikationen. Eine außergewöhnliche Sammlung bemalter und beschrifteter Toilettendeckel dekoriert eine Wand.
- 326 Fell St. | Fillmore
  Tel. 415-621-6543
  www.isotopecomics.com
  Di–Fr 11–19, Sa–So 11–18 Uhr

Musik

Amoeba Music [D5]
Ein Traum u. a. für Vinylfans. Was jemals auf Platte, CD, DVD, Kassette oder Video erschienen ist: Die Chancen stehen gut, es in diesem riesigen Musikimperium zu finden. ! Ab und zu Livesessions.
- 1855 Haight St. | Haight-Ashbury
  Tel. 415-831-1200
  www.amoeba.com
  Tgl. 11–20 Uhr

Rooky Ricardo's Records [F5]
Tonträger hängen in dem kleinen Laden sogar von der Decke – als Deko. Käufer finden jede Menge Oldies auf Vinyl, darunter viel Soul, von 1960 bis zur Zeit, als die CD aufkam. Die Platten können auch vor Ort angehört werden.
- 419 Haight St. | Haight-Ashbury
  Tel. 415-864-7526
  www.rookyricardos.com
  Tgl. 12–18 Uhr

101 Music [G3]
Man könnte meinen, die Noten tropften von der Decke in diesem Sammelsurium alter Platten, Alben, Posters und Gitarren. Auf der Suche nach Jazz, James-Bond-Titelmusik oder dem Rat Pack? Rund 30 000 Tonträger warten hier auf Interessenten.
- 513 Green St. | North Beach
  Tel. 415-392-6368
  Mo–Sa 10–20, So 12–20 Uhr

Am Abend

Auch was das Vergnügen nach Sonnenuntergang anbelangt, wird San Francisco wohl jedem Geschmack gerecht. Über 2000 Klubs, Kneipen, Cocktail- und Karaokebars, Konzertsäle und Theater sorgen für Abwechslung der einen oder anderen Art, gleichgültig, ob es darum geht, den Durst oder das kulturelle Bedürfnis zu stillen.

Die heißesten, trendigsten Klubs und Lounges versammeln sich in South of Market, wo sich in den letzten Jahren bzw. Jahrzehnten eine lebhafte Szene mit Electronic Music, Hip-Hop und Chill Art herausbildete. Wer eher beim Tresenputzen in Bars und Bierkneipen Entspannung findet, ist im Marina District um das sogenannte »Bermudadreieck« › **S. 97** gut aufgehoben.

Der Mission District hat sich bei zwei unterschiedlichen Gästegruppen einen Namen gemacht. Einerseits gibt es bodenständige, zum Teil auch sehr einfache Lokale. Andererseits sind teure und dünkelhafte Spots wie Pilze aus dem Boden geschossen, seit betuchte High-Tech-Beschäftigte aus dem

Silicon Valley den Stadtteil entdeckten. Himmlische Zustände herrschen für Gays im Stadtviertel Castro. Und wer eher auf klassische Musik und Theater steht, der fasst die Kulturtempel um das Civic Center und die Spielhäuser um den Union Square ins Auge.

Bars & Nachtklubs

1015 Folsom [G4]
Von vielen als das Nonplusultra der lokalen Danceszene eingeschätzt, bietet der Klub fünf Räume jeweils inklusive Bar auf drei Ebenen und eine Licht- und Tonausstattung vom Feinsten für DJs.
- 1015 Folsom St. | SoMa
  Tel. 415-991-1015 | www.1015.com
  Fr–Sa 22–3 Uhr

Butter [G5]
Die ausgelassene Stimmung lässt die Gäste schon mal auf dem Tresen tanzen. Die Bar mit ihren preisgünstigen Drinks ist beliebter Boxenaufenthalt für Nachtschwärmer, die sich zum Clubhopping entschlossen haben.
- 354 11th St., Ecke Folsom St. | SoMa
  Tel. 415-863-5964
  www.smoothasbutter.com
  Mi–Sa 18–2, So 20–2 Uhr Karaoke

Holy Cow Nightclub [G5]
Eine vor der Fassade hängende Plastikkuh mit prallem Euter weist den Weg in den schicken State-of-Art-Klub, in dem das formidable Soundsystem die Gäste auf die Tanzfläche treibt.
- 1535 Folsom St. | SoMa
  Tel. 415-757-7560
  www.theholycow.com
  Do–Sa 22–2 Uhr

Livemusik

Great American Music Hall [G4]
Auf der Bühne dieses wunderschönen, 1907 eröffneten Theaters standen schon Berühmtheiten wie B.B. King, Van Morrison, Duke Ellington, Count Basie, Patti Smith, Blondie und viele andere › **S. 76.**
- 859 O'Farrell St. | Tenderloin
  Tel. 415-885-0750
  www.slimspresents.com

Fillmore Auditorium [E4]
An die glanzvolle Rockära mit The Doors, Led Zeppelin und Jimi Hendrix erinnern Originalposter an den Wänden. Bis heute ist das Theater eine Zitadelle der Livemusik geblieben.
- 1805 Geary St.
  Western Addition
  Tel. 415-346-3000
  www.thefillmore.com
  Fast tgl. Vorstellungen

Slim's [G5]
Von Punk bis Indie-Rock, von Blues bis Hip-Hop kommen in dem 600 Plätze fassenden Klub an fünf bis sechs Wochentagen viele Musikstile auf die Bühne.
- 333 11th St. | SoMa
  Tel. 415-255-0333
  www.slimspresents.com

Club Deluxe [E5]
Wer Bossa Nova, Bebop oder Gypsyjazz mag, bekommt in der Bar fast jeden Abend, von wenigen Wochenenden abgesehen, kostenlose Musik zu hören. Donnerstags bringt meist eine burleske Show die Gäste in Stimmung.
- 1511 Haight St. | Haight-Ashbury
  Tel. 415-552-1555
  www.clubdeluxe.co

Atlas Café [G6]
Außer auf Pizzen mit gelegentlich abenteuerlichem Belag, Nudelgerichte und Sandwiches darf man sich über Bands freuen, die sich auf Countrysongs spezialisiert haben. Die Musik ist gratis.
- 3049 20th St. | Mission District
  Tel. 415-648-1047
  www.atlascafe.net
  Mo–Fr 6.30–22, Sa 8–22, So 8–20 Uhr

Kino

Embarcadero Center Cinema [H3]
In dem renovierten Movie-Zentrum können Gäste zwischen sieben Kinosälen auswählen, in denen von Blockbusterstreifen bis zu unabhängigen Produktionen alles über die Leinwand flimmert.
- 1 Embarcadero Ctr. | Financial Center
  Tel. 415-352-0835
  www.embarcaderocenter.come
  Tgl. 11.30–22 Uhr

Century San Francisco Centre 9 [G4]
Großes Kinozentrum mit neun Auditorien, ausgestattet mit bequemen Ledersitzen. Im Cinemark-XD-Saal werden die Filme auf eine Riesenleinwand projiziert.
- 845 Market St. | SoMa
  Tel. 415-538-8422
  www.cinemark.com
  Tgl. 10.30–23 Uhr

Theater

Curran Theater [G4]
Nach einer umfangreichen Renovierung erstrahlt das fast 100 Jahre alte Theater seit 2017 in neuem Glanz und gibt Broadwaystücken und Musicals einen repräsentativen Rahmen › **S. 64.**
- 445 Geary St. | Union Square
  Tel. 415-358-1220
  www.sfcurran.com

Orpheum Theater [G4]
Die Musicals, die hier hauptsächlich aufgeführt werden, profitieren vom prunkvollen Interieur des über 2200 Gäste fassenden Auditoriums.
- 1192 Market St. | Civic Center
  Tel. 1-888/746-1799
  www.shnsf.com

In Haight-Ashbury fließt das Craftbeer in zahlreichen Szenekneipen

Die berühmte Postkartenzeile
»Seven Sisters« am Alamo Square

LAND & LEUTE

Steckbrief

- **Fläche:** ca. 121,40 km²
- **Geografische Lage:** 37° 43′ 38′ N, 123° 1′ 55′ W
- **Einwohner:** 870 800; Bay Area 7,7 Mio., Kalifornien 39,2 Mio.
- **Bevölkerungsdichte:** 6632,9 /km²
- **Rassen/Ethnien:** Weiße 53,6 %, Asiaten 35,3 %, Hispanics 15,3 %, African Americans 6,1 %, Native Americans 0,8 %, Menschen aus dem pazifischen Raum 0,5 %, sonstige 6,6 %.
- **Sprache:** Englisch

- **Stadtvorwahl:** 1-415
- **Währung:** US-Dollar ($, USD)
- **Zeitzone:** Pacific Standard Time (MEZ –9 Std.)

Lage und Landschaft

San Francisco nimmt die nördliche Spitze einer ca. 48 km langen und 10 km breiten Halbinsel ein. Sie wird im Westen vom Pazifik, im Norden vom Golden Gate, also der Meerenge zwischen Meer und Bucht von San Francisco, und im Osten von der San Francisco Bay begrenzt. Topografisch prägen das Stadtgebiet ca. 40 Hügel, unter denen die 276 m und 277 m aufragenden Twin Peaks die höchsten sind. Zum Teil extrem steile Straßen gehören deshalb zum typischen Stadtbild. Im Westen endet das Stadtgebiet an der pazifischen Steilküste, während die Uferregion an der Bucht eher flach ausläuft. Die Stadt liegt im Norden der San-Andreas-Verwerfung, einer stark erdbebengefährdeten Zone › **S. 50**.

Bevölkerung und Gentrifizierung

San Francisco ist zwar die kalifornische Metropole mit der dichtesten Bevölkerung im Golden State. Der Größe nach rangiert sie aber hinter Los Angeles, San Diego und San José erst auf dem vierten Platz. Während des Goldrausches Mitte des 19. Jhs. erlebte sie durch den Zustrom von Glücksrittern aus aller Welt innerhalb weniger Jahre ein geradezu explosionsartiges Wachstum von 2800 % und wurde zum größten Ballungsraum an der US-Westküste. Im 20. Jh. kennzeichnete eine stetige Bevölkerungszunahme die Stadt, von den 1960er- und 1980er-Jahren einmal abgesehen, als die Zahlen rückläufig waren. In Kalifornien geborene Menschen machen mit nicht einmal 38 % eine

Minderheit der Stadtbevölkerung aus, deren Durchschnittsalter bei 38,5 Jahren liegt. 15,4 % gehören offiziell der schwul-lesbischen Gemeinde an. Prognosen gehen davon aus, dass die Einwohnerzahl bis 2035 um ca. 20 % zunehmen wird. Größte Nachbarstädte im Ballungsraum sind im Osten der San Francisco Bay Oakland mit 390 000, Fremont mit 214 000, Vallejo mit 116 000 und Berkeley mit 112 000, im Norden Richmond mit 103 000 und im Süden San José mit 946 000, Sunnyvale mit 140 000 und Santa Clara mit 116 000 Einwohnern.

Mit dem Dotcom-Boom im eine Autostunde entfernten Silicon Valley hat sich die Bay-Metropole verändert. Seit gut bezahlte Mitarbeiter der Technologiefirmen die Stadt als attraktiven Wohnsitz entdeckten, sind die Mietpreise in den Himmel geschossen. Wohnraum etwa im Mission District wird immer knapper, früher von Arbeitern und einfachen Leuten bewohnte Quartiere werden luxussaniert, Alteingesessene können sich die rasant steigenden Mieten nicht mehr leisten. Schätzungen gehen davon aus, dass jährlich 5000–20 000 Menschen wegen der Gentrifizierung und steigenden Lebenshaltungskosten aus San Francisco abwandern werden. Viele Hauseigentümer verkaufen ihre Immobilien oder versuchen, ihre Altmieter loszuwerden. Aus dem einfachen Grund: Hochbezahlte Beschäftigte aus dem Silicon Valley stehen Schlange und sind bereit, exorbitante Mieten bzw. Immobilienpreise zu bezahlen.

Politik und Verwaltung

Administrativ ist San Francisco eine Ausnahmeerscheinung in Kalifornien, weil sowohl die Stadt als auch der Landkreis derselben Jurisdiktion unterliegen. Das bedeutet, dass der seit 2011 amtierende Bürgermeister Edwin M. Lee gleichzeitig auch Verwaltungsratsvorsitzender des San Francisco County ist.

Wirtschaft

San Francisco verfügt über eine florierende Wirtschaft. Ein bedeutender Arbeitgeber ist die US-Navy mit mehreren Stützpunkten im Großraum. Ihre Rolle als leistungsstarker Seehafen hat die Stadt durch den Einsatz zu großer Containerschiffe eingebüßt, die in den zu kleinen Hafenanlagen ihre Fracht nicht mehr löschen können. Heute spielen v. a. der Finanzsektor und der Dienstleistungssektor bzw. der Tourismus eine führende Rolle und in der Bay Area der Hightech-/IT-Sektor mit dem Silicon Valley als einem der weltweit herausragenden Standorte.

Bei der Gayparade San Francisco Pride

Geschichte im Überblick

1579 Der Engländer Sir Francis Drake fährt am Goldenen Tor vorbei, ohne die Meerenge zu entdecken

1769 Der Entdecker Gaspar de Portolà erreicht am 2. November als erster Europäer auf dem Landweg die Bucht von San Francisco.

1775 Als erstes europäisches Schiff befährt die »Don Carlos« unter dem spanischen Kommandanten Juan Manuel de Ayala die Bucht von San Francisco

1776 Gründung der Mission San Francisco de Asís durch den Franziskanerpater Junipero Serra und Errichtung des Militärstützpunkts Presidio, damit Gründung von San Francisco.

1846 Am 9. Juli besetzen US-Truppen das spätere Stadtgebiet. Kapitän John Montgomery hisst auf dem Portsmouth Square die amerikanische Flagge.

1847 Sam Brennan bringt mit dem »California Star« Kaliforniens erste Zeitung heraus.

1848 Am 24. Januar findet James Marshall am American River Gold und löst damit den kalifornischen Goldrausch aus. Die Bevölkerungszahlen von San Francisco explodieren.

1850 Kalifornien wird 31. Bundesstaat der Vereinigten Staaten.

1855 Gründung der University of San Francisco als eine der ersten Universitäten des amerikanischen Westens.

1859 Die Entdeckung riesiger Silbervorkommen in Nevada beflügelt die Wirtschaft von San Francisco.

1873 Erster erfolgreicher Testlauf der Cable-Car-Bahn.

1887 Erste Arbeiten beim Bau des Golden Gate Park.

1900 Ausbruch einer Pestepidemie in der bereits 340 000 Einwohner zählenden Stadt

1906 Am 18. April 1906 erschüttert ein schweres Erdbeben der Stärke 7,8 auf der Richterskala die Stadt und verursacht riesige Schäden. Die anschließende dreitägige Feu-

SEITENBLICK

Tenor im Beben

Unter den Promis, die am 18. April 1906 vom großen Erdbeben überrascht wurden, war auch der italienische Tenor Enrico Caruso (1873–1921). Am Abend vor der Naturkatastrophe trat er als Don José in Bizets Oper »Carmen« auf. Später legte er sich in seinem Zimmer im Palace Hotel zur Ruhe. In seinem Tagebuch beschrieb er, wie ihn gegen 5 Uhr Erdstöße weckten, als befände sich sein Bett auf einem schlingernden Ozeandampfer. Als er aus seinem Zimmer flüchtete, rieselte bereits der Putz von der Decke. Nach eigenen Angaben zahlte er einem Fährmann ein kleines Vermögen, damit der ihn aus der brennenden Stadt über die Bucht an die East Bay brachte. Nach San Francisco kehrte er nie wieder zurück.

ersbrunst vernichtet fast 500 Straßenblöcke im Stadtzentrum. Vermutlich kommen insgesamt 3000 Menschen ums Leben.

1915 Mit der Panama-Pacific International Exposition feiert die Stadt die Eröffnung des Panamakanals und die Auferstehung nach dem großen Erdbeben.

1936 Fertigstellung der Oakland Bay Bridge.

1937 Eröffnung der mittlerweile zum Wahrzeichen der Stadt gewordenen Golden Gate Bridge.

1945 Gründung der Vereinten Nationen. Am 26. Juni unterzeichnen Vertreter aus 50 Nationen die UN Charta in San Francisco.

1951 Unterzeichnung des offiziellen Friedensvertrags zwischen den USA und Japan im War Memorial Veteran's Building.

1966 Letztes vollständiges Konzert der Beatles im Candlestick Park am 20. August.

1967 Der Summer of Love beginnt im Januar 1967 mit einem Hippietreffen im Golden Gate Park.

1969 Indianer besetzen die Gefängnisinsel Alcatraz, um auf ihre widrigen Lebensumstände und Diskriminierung aufmerksam zu machen.

1978 Ein ehemaliger Polizist ermordet den schwulen Volksvertreter Harvey Milk und Bürgermeister George Moscone.

1989 Das große Loma-Prieta-Erdbeben mit der Stärke 6,9 erschüttert am 17. Okt. die Stadt. 63 Menschen verlieren ihr Leben, mehr als 3700 werden verletzt, die Schäden belaufen sich auf rund 10 Mrd. US-$.

Der Bürgerrechtler Harvey Milk

1995 Jerry Garcia, der Bandleader der Rockgruppe Grateful Dead, stirbt.

2001 Nach dem Platzen der Dotcom-Blase verzeichnet die Stadt den größten Bevölkerungsrückgang ihrer Geschichte.

2004 Die Gay-Gemeinde veranstaltet die erste Love Parade.

2009 Städtepartnerschaften mit Bangalore (Indien) und Krakau (Polen) werden geschlossen.

2011 Edward M. Lee (Demokratische Partei) wird erster Bürgermeister mit asiatischer Abstammung.

2014 Die San Francisco Giants gewinnen zum 8. Mal die amerikanische Baseballmeisterschaft.

2017 Der legendäre Summer of Love feiert den 50. Jahrestag mit Straßenfesten, Konzerten und anderen Veranstaltungen.

2017/18 Das neue Transbay Transit Center mit einem Dachpark soll als neuer Verkehrsknotenpunkt, der acht Landkreise über unterschiedliche Verkehrssysteme miteinander verbindet, eröffnet werden.

Natur & Umwelt

San Francisco lebt auf einem Pulverfass – schon immer. Denn die Stadt und große Teile Kaliforniens liegen in einer tektonisch instabilen, erdbebengefährdeten Zone.

Seismologen wissen, dass sich mit der sogenannten San-Andreas-Verwerfung eine 1400 km lange Bruchzone der Erdkruste durch Kalifornien zieht, in deren Bereich es durch Reibungen der pazifischen und der nordamerikanischen Platte immer wieder zu Erdbeben kommt. Zweimal schlug das Schicksal im 20. Jahrhundert auf fatale Weise zu. Nach dem Beben 1906 mit einer Stärke von 7,8 und anschließendem Feuersturm lag die Stadt in Trümmern. 1989 verursachte das Loma-Prieta-Beben mit 6,9 auf der Richterskala immense Schäden. Von diesen großen Naturkatastrophen abgesehen, werden im Golden State jedes Jahr Zehntausende kleine Beben registriert. Sie zeugen davon, dass *The Big One,* wie die Menschen in San Francisco das kommende Großbeben nennen, unvermeidlich ist. Wann es eintreten wird, weiß niemand, obwohl die Erdbebenforscher alles daran setzen, verlässliche Prognosen möglich zu machen.

Was Umweltschutz und Nachhaltigkeit betrifft, gelten Kalifornien und San Francisco als Vorreiter in den USA. Schon seit Ende der 2000er-Jahre ist in der Stadt strenge Mülltrennung Pflicht, sind Einweg-Plastiktüten in Supermärkten abgeschafft. Im Zuge des *Zero Waste*-Programms sind seit 2017 auch Styroporverpackungen und diverse -produkte verboten. Und Neubauten unter 10 Stockwerken müssen seit 2016 mit Solaranlagen ausgestattet sein – um nur ein paar Beispiele zu nennen. Kein Wunder also, dass nach Präsident Trumps Ausstiegsankündigung aus dem Pariser Klimaschutzabkommen die lautesten Proteste in den USA aus Kalifornien und der Bay Area kamen.

Kunst & Kultur

Genauso facettenreich wie die Menschen unterschiedlichster Herkunft und die kosmopolitische Mischung ihrer Lebensstile ist das kulturelle Leben in San Francisco.

Müsste man nach einem einzelnen Beweis für die geradezu berauschende kulturelle und künstlerische Energie der Metropole suchen, wäre er in der grandiosen Street Art hauptsächlich im Mission District zu finden, die mit ihren Murals › **S. 131** ganze Straßenzüge in Freiluftgalerien verwandelt hat.

Die kulturelle Dynamik lässt sich u. a. auch an der erstklassigen Museumsszene ablesen, an renommierten Theatern, Opern-, Sinfonie- und Balletthäusern und letzten Endes auch an der historischen wie zeitgenössischen Architektur, an literarischen Spuren und fast tagtäglichen Angeboten an moderner Musik aller Stilrichtungen.

Open-Air-Kunst: Mural zum Thema Jazz in North Beach

Architektur

Wenn in San Francisco von Architektur die Rede ist, geht es häufig um das historische Erbe der Stadt: die zum Teil reizenden Überbleibsel aus dem Viktorianischen Zeitalter in der zweiten Hälfte des 19. Jahrhunderts. Die Bezeichnung Painted Ladies (bemalte Damen) für die in Pastellfarben gehaltenen Häuser kam allerdings erst in den 1970er-Jahren durch ein Buch über San Franciscos bauliche Vergangenheit in Mode, die heute nicht nur Architekturkenner begeistert. Noch in der ersten Hälfte des 20. Jahrhunderts zum Teil wenig beachtet und in miserablem Zustand, entwickelte sich um die Häuser seit den 1960er-Jahren ein richtiger Hype, als die Gebäude von Musikgruppen und Interpreten im Dunstkreis der Hippiebewegung entdeckt wurden. Größtenteils aufwendig renoviert, sind viele der Prachtstücke heute Millionen wert. Das gilt etwa für die berühmte »Postkartenreihe« am Alamo Square › **S. 117**.

Neben dem viktorianischen hat auch der neoklassizistische Baustil in der Stadt Spuren hinterlassen – am deutlichsten im Civic Center Distrikt um die repräsentative City Hall › **S. 72**. Das gewaltige, 1915 fertiggestellte Rathaus mit einer 91 m hohen Kuppel, die an den Petersdom in Rom oder den Invalidendom in Paris erinnert, strahlt mit seinem steinernen Prunk und Pomp herrschaftliche und sakrale Monumentalität nicht nur äußerlich, sondern auch im Inneren aus. Ähnliches gilt etwa für das im dekorativen Beaux-Arts-Stil errichtete War Memorial Performing Arts Center sowie die San Francisco Main Public Library in der Nachbarschaft.

SEITENBLICK

Verruchte Painted Ladies

Bestimmte Ornamente an den Painted Ladies dienten früher gewissermaßen als Geheimcodes. Wo das Pikass-Zeichen aus einer Balustrade herausgesägt war oder im Dachgiebel auftauchte, konnte man hinter der Eingangstür einen Glücksspieltempel vermuten. Flaschen- oder Herzformen hingegen waren untrügliche Hinweise auf Spelunken oder Bordelle.

SPECIAL

Meringue und Turm von Pisa

Die Zeiten ändern sich, die Meinungen der Leute auch. Als Anfang der 1970er-Jahre die **Transamerica Pyramid** im Finanzdistrikt erbaut wurde, hagelte es Kritik, weil die exzentrische Form des 260 m und 48 Stockwerke hohen Wolkenkratzers Downtown wie ein vom Himmel gefallenes Ausrufezeichen erschien. Längst gilt der Riese nicht mehr als Bausünde, sondern als Wahrzeichen der Stadt.

Ähnlich kritisch gingen manche mit dem Um- bzw. Anbau des **Contemporary Jewish Museum** um, dem der Architekt Daniel Libeskind seinen Stempel aufdrückte. Er ergänzte ein ausgedientes Elektrizitätswerk von 1907 mit zwei im spitzen Winkel im ursprünglichen Ziegelkomplex steckenden, blau-metallisch schimmernden Prismen. Was die einen als attraktiven Blickfang feierten, betrachteten andere als der Kunst abträgliche Showarchitektur.

Zu Ikonen zeitgenössischer Architektur wurden zwei Museumsneubauten im Golden Gate Park. Nach starken Schäden infolge des Loma-Prieta-Erdbebens 1989 wurde ein Neubau des fast 100-jährigen **De Young Museum** notwendig. Der Entwurf für den 2005 neu eröffneten Kunstkomplex mit einem sich nach oben verbreiternden Aussichtsturm stammt von den Schweizer Architekturbüro Herzog & de Meuron. Für die Fassaden wurden 7200 rotbraune Kupfertafeln aus Deutschland mit einem Gewicht von über 420 Tonnen individuell geprägt und perforiert, die das Gebäude wirken lassen, als sei es von Schlangenhaut überzogen. Diese Kupferfassade soll sich durch Oxidation im Laufe der Zeit verändern, am Ende wird eine grüne Patina den Monumentalbau mit seiner Umgebung verschmelzen lassen. Kritiker brachten ihre Meinung auf den kur-

 Das San Francisco Museum of Modern Art überragt seit 2016 ein weißer geriffelter Anbau

zen Nenner: »Hässliche Architektur, gute Ausstellungen«.

Dagegen wurde der vom italienischen Architekten Renzo Piano stammende Neubau der **California Academy of Sciences** nahebei als Beispiel visionärer Architektur gefeiert. Aushängeschild des Wissenschafts- und Naturkundemuseums ist ein 10 000 m² großes Flachdach. Mit 1200 t Erde wurde in luftiger Höhe für ca. 1,7 Mio. Pflanzen ein besonderer Lebensraum geschaffen.

Als dritte große museale Schatztruhe hat das **San Francisco Museum of Modern Art** ein bauliches Update in Gestalt eines zehnstöckigen Museumsneubaus des norwegischen Architekturbüros Snøhetta bekommen. 12 000 m² umfassen die neuen Ausstellungsflächen, die durch Fußgängerübergänge, Treppen und Rampen mit dem ursprünglichen Museumsbau von Mario Botta verbunden sind. Vor allem die spektakuläre Fassade mit einer unregelmäßig erscheinenden horizontalen Faltung hat Spötter auf den Plan gerufen, die den Erweiterungsbau als »gigantische Meringue« bezeichneten bzw. meinten, er sähe aus wie mit Toilettenpapier umwickelt.

Die Beispiele zeigen, dass bauliche Aktivitäten in der heutigen Zeit selten auf einhellige Zustimmung stoßen. Die Geister müssen sich aber nicht unbedingt am Geschmack scheiden. Ein Beispiel dafür ist der 200 m hohe, 2009 fertiggestellte **Millennium Tower.** Der Koloss ist Gutachten zufolge in den letzten Jahren um ca. 40 cm abgesunken und hat sich um 15 cm zur Seite geneigt. Erdbeben sind nicht schuld. Über die Ursachen streiten die Experten. Die einen vermuten Baupfusch an San Franciscos »Pisa-Turm«, weil die Fundamentpfeiler nicht tief genug in den Untergrund gesetzt wurden. Andere glauben, dass der Boden durch den Bau einer benachbarten Bus- und U-Bahn-Station destabilisiert wurde.

- **Transamerica Pyramid › S. 71**
  600 Montgomery St. | Financial District
- **Contemporary Jewish Museum › S. 67**
  736 Mission St. | SoMa
- **De Young Museum › S. 110**
  50 Hagiwara Tea Garden Dr.
  Golden Gate Park
- **California Academy of Sciences › S. 111**
  55 Music Concourse Dr.
  Golden Gate Park
- **San Francisco Museum of Modern Art › S. 66**
  151 3rd St. | SoMa
- **Millennium Tower [H3]**
  301 Mission St. | SoMa

Die markante Transamerica Pyramid dominiert den Financial District

Literatur

In San Francisco sind nicht nur Lifestyle-Varianten und politische Richtungen entstanden, sondern auch literarische Bewegungen. Einer der größten schreibenden Söhne der Stadt war **Jack London** (1876–1916), der mit Romanen wie »Ruf der Wildnis« und »Wolfsblut« Weltruf erlangte und dem arktischen Norden Nordamerikas zur Zeit des Goldrauschs im ausgehenden 19. Jahrhundert ein Denkmal setzte. Außer seinen Büchern in Regalen von Buchhandlungen ist von Jack London in seiner Geburtsstadt nicht viel übrig geblieben. Wo bis zum Erdbeben 1906 in der Nähe des heutigen AT&T Park sein Geburtshaus stand, erinnert nur noch eine Bronzetafel an den Abenteurer (Ecke Third & Brannan St. im Stadtteil South Park).

Dashiell Hammett (1894–1961) gehörte zu den geistigen Vätern des *hardboiled,* realistischen Krimis. Er kam 1921 nach San Francisco und arbeitete in Zimmer 314 im James Flood Building (870 Market St.) für die Detektivagentur Pinkerton, die mit dem Slogan »Wir schlafen nie« um Kundschaft warb. Einen Klassiker schuf Hammett mit seinem Roman »Der Malteser Falke«, in dem sich der Ermittler Sam Spade in die Niederungen der städtischen Gesellschaft begibt. Das Buch wurde 1941 mit Humphrey Bogart in der Hauptrolle erfolgreich verfilmt.

Manche Schriftsteller lebten nur relativ kurze Zeit in der Bay-Metropole oder statteten ihr einen Besuch ab, nicht ohne Spuren zu hinterlassen. **Bret Harte** (1836–1902) lebte dort von 1860 bis 1871, schrieb vor allem Kurzgeschichten, Novellen und Gedichte. Er war mit **Mark Twain** (1835–1910) befreundet, der sich 1864 in der Stadt aufhielt und meinte, er sei von ihr immer besser behandelt worden, als er es eigentlich verdiente. **Rudyard Kipling** (1865–1936) urteilte nach einem Besuch, die Metropole habe nur einen Nachteil: Es sei hart, sie zu verlassen. **John Steinbeck** (1902–1968) war überzeugt, dass es sich bei San Francisco um goldene Handschellen handle, deren Schlüssel weggeworfen wurde.

Der Stadtteil North Beach ist heute ein Wallfahrtsort, weil in den 1950er-Jahren die unangepassten Querköpfe der sogenannten Beat Generation wie **Jack Kerouac** (1922–1969) und **Allen Ginsberg** (1926–1997) ihre rebellische Gegenkultur auslebten. Das der Bewegung gewidmete Beat Museum › **S. 89** ist die weltweit einzige Dauerausstellung zu diesem Thema. Den literarischen Durchbruch schaffte Kerouac mit seinem 1951 auf eine Papierrolle geschriebenen, aber erst 1957 veröffentlichten Roman »Unterwegs«, einer Ode an Rastlosigkeit, Drogenexzess und Abenteuerlust.

Mit einer erstmals 1976 in der Tageszeitung »San Francisco Chronicle« veröffentlichten Kolumne begründete **Armistead Maupin** (geb. 1944) seine schriftstellerische Karriere, die vor allem mit seiner in neun Teilen erschienenen »Stadtgeschichten«-Reihe zu einem großen Erfolg wurde. Der bisher letzte Teil erschien auf Deutsch 2017 unter dem Titel »Die Tage der Anna Madrigal«.

Musik

Musik hat in San Francisco schon früh eine große Rolle gespielt. Am Heiligabend 1910 erlebte San Francisco eine ganz besondere Nacht. Damals trat die 39-jährige Koloratursopranistin Luisa Tetrazzini vor schätzungsweise 250 000 Menschen bei einem öffentlichen Konzert auf, das zu einem der größten Musikevents in der Geschichte der Bay-Metropole werden sollte. Vor dem Gebäude des »San Francisco Chronicle« an der Ecke Kearny, Market und Geary Street war eigens eine Bühne aufgebaut worden. Exakt um 20.30 Uhr ging ein Scheinwerfer an, der seinen Spot auf die Sängerin warf, die am Arm des Bürgermeisters mit Straußenboa, riesigem Hut und weißem Kleid vor der begeisterten Menge erschien. Als sie ohne Hilfe eines Mikrofons »The Last Rose of Summer« anstimmte, lag magische Stille über den Straßen. Die riesige Menschenmenge stimmte mit ein, als sie mit »Auld Lang Syne« (Nehmt Abschied, Brüder) ihr Konzert beendete, das Esprit und Kunstsinn einer Stadt zum Ausdruck brachte, die vier Jahre zuvor nach dem großen Erdbeben noch in Ruinen gelegen hatte. Ein Jahr nach Tetrazzinis Auftritt wurde das San Francisco Symphony Orchestra (www.sfsymphony.org) gegründet, das mit Richard Wagners Ouvertüre »Die Meistersinger von Nürnberg« und Tschaikowskys 6. Symphonie zum ersten Mal auftrat. Unter dem gegenwärtigen Musikdirektor Michael Tilson Thomas ist es zu einem der besten Ensembles der USA geworden. Die seit 1923 bestehende San Francisco Opera (www.sfopera.com), die im War Memorial Opera House zu Hause ist, gilt als zweitgrößtes Opernensemble der USA.

Furore machte San Francisco in den 1960er- und beginnenden 1970er-Jahren vor allem in der Rockszene. The Grateful Dead waren eine 1965 gegründete Rockband um Frontmann Jerry García, die damals zusammen mit Jefferson Airplane die Musikszene mit Psychedelic und Acid Rock prägte. Scott McKenzies schnulziges »If you're going to San Francisco, be sure to wear some flowers in your hair« wurde nach 1967 zwar zum Ohrwurm, hatte musikalisch mit dem kreativen Schub in der Stadt aber nichts zu tun, der bis 1971 die Bay-Metropole umtrieb. Nachdem der Summer of Love von den Hippies zu Grabe getragen worden war, kehrten viele erfindungsreiche Musiker und Bands wie Sly & the Family Stone und Moby Grape der Bay-Metropole den Rücken, u.a. weil sich der Kommerz in einer Szene

Im Beat Museum wird Kultur- und Musikgeschichte der 1950er-Jahre lebendig

immer breiter machte, die im Prinzip eine eher antikommerzielle Grundhaltung einnahm. Schon 1967 drohten The Grateful Dead, sich vom Monterey Pop Festival zurückzuziehen und eine eigene Veranstaltung auf die Beine zu stellen. In der zweiten Hälfte der 1960er-Jahre lieferte San Francisco einige der einflussreichsten Beiträge der Rockgeschichte, von Janis Joplin über Santana bis Country Joe and the Fish. Otis Redding schrieb »Sittin' On The Dock Of The Bay« auf einem Hausboot am Waldo Point in Sausalito › **S. 136** und nahm ihn 1967 nur wenige Tage auf, bevor er bei einem Flugzeugabsturz 26-jährig ums Leben kam. Die Rockband Creedence Clearwater Revival hatte ihren Ursprung in Berkeley und nahm Ende der 1960er, Anfang der 1970er-Jahre ihre größten Erfolge auf, ehe sich die Gruppe 1972 auflöste. Das Rockerkleeblatt setzte sich u. a. mit Benefizkonzerten für die Bürgerrechtsbewegung ein und stifteten den *Native Americans* ein Boot, die aus Protest gegen die offizielle Indianerpolitik Alcatraz Island 1969 bis 1971 besetzt hielten.

Heute beweisen Musikfestivals von Bluegrass über Jazz bis Blues und fast tagtägliche Auftritte von Bands aller Musikgenres in Konzerthallen und Kneipen für eine fortlebende Musikkultur, die allerdings ihre frühere Bedeutung eingebüßt hat.

Feste & Veranstaltungen

Feste wie Sand am Meer beweisen, dass die Einwohner von San Francisco keine Kinder von Traurigkeit sind. Zum Festkalender trägt aber auch die multikulturelle Gesellschaft der Stadt bei.

Festkalender

Januar/Februar: Das **Chinesische Neujahrsfest** mit der Wahl von Miss Chinatown, einer Straßenmesse und einer Riesenparade bringt die Chinesengemeinde regelmäßig zum Kochen (www.chineseparade.com).

Februar: Das **Independent Film Festival** zeigt im Roxie Theatre und anderen Häusern unabhängige Filmproduktionen (www.sfindie.com).

März: Die **St. Patrick's Day Parade** am irischen Nationalfeiertag auf der Market Street ist der größte und älteste Umzug der Stadt (www.uissf.org).

April: Unter den Festen mit asiatischem Hintergrund ist das an zwei Wochenenden stattfindende **Cherry Blossom Festival** mit einer Parade, Imbissständen und Ausstellungen in Japantown das größte und bekannteste (www.sfcherryblossom.org).

Mai: Im Dolores Park im Mission District geht mit **Cinco de Mayo** zu Ehren der Schlacht bei Puebla das größte mexikanische Fest des Jahres über die Bühne (http://mncsf.org/sfcincodemayo).

Halb sportlicher Wettkampf, halb Spaßveranstaltung: Beim **Bay-to-Breakers-**

Rennen › **S. 30** vom Embarcadero zum Ocean Beach geht es u.a. um witzige Sporttrikots (www.baytobreakers.com). **Carnaval San Francisco** heißt die kalifornische Version des Mardi Gras (www.carnavalsanfrancisco.org).

Juni: Seit über 40 Jahren wird das **Union Street Music Festival** zwischen Gough und Steiner St. gefeiert mit Jazz-, Blues-, Country- und Bluegrass-Bands (www.sresproductions.com/events). Jazzfans kommen seit über 30 Jahren zum jährlichen **San Francisco Jazz Festival** (www.sfjazz.org) in die Stadt. Im Washington Park geht das traditionelle **North Beach Festival** (www.sresproductions.com/events) mit kulinarischen und kulturellen Programmen über die Bühne. Mit **San Francisco Pride** (www.sfpride.org) feiert sich die Schwulen-, Lesben- und Transgenderszene selbst.

Juli: Der **Unabhängigkeitstag** am 4. Juli wird natürlich auch in San Francisco mit einem Riesenfeuerwerk an Fisherman's Wharf gefeiert (www.fishermanswharf.org/4th-of-july.html).

August: Zu Musik, Häppchen, Wein, Bier, Kunst und Comedy lädt das **Outside Lands Music & Arts Festival** in den Golden Gate Park ein (www.sfoutsidelands.com).

September: Theateraufführungen, Kabaretts und Shows gibt es zu günstigen Preisen beim **San Francisco Fringe Festival** (www.sffringe.org). Drachen- und Paddelboote treten beim **International Dragon Boat Festival** auf dem Lake Merritt in Oakland auf einer 500-m-Distanz gegeneinander an (www.sfdragonboat.com). Leder, Latex und Uniformen sind bei der **Folsom Street Fair** angesagt, die jedes Jahr bis zu 400 000 Mitwirkende und Zuschauer anzieht (www.folsomstreetevents.org).

Oktober: Kostenlose Konzerte im Golden Gate Park werden beim **Hardly Strictly Bluegrass** geboten (www.hardlystrictlybluegrass.com).

November: Die Illumination des großen Weihnachtsbaums von Macy's auf dem Union Square leitet die Weihnachtszeit ein.

San Franciscos japanische Gemeinde feiert im April das Kirschblütenfest

Segler kreuzen in der San Francisco Bay
vor der ehemaligen Gefängnisinsel Alcatraz

TOP-TOUREN & SEHENSWERTES

DAS SÜDLICHE ZENTRUM

Kleine Inspiration

- **Sich modische Inspirationen holen** beim Windowshopping in den Edelboutiquen um den Union Square › S. 62
- **In den Yerba Buena Gardens** zwischen Kunst und Kulturtempeln relaxen › S. 67
- **Im Ferry Building** dem »Bauch von San Francisco« einen Besuch abstatten, und zwar möglichst mit knurrendem Magen › S. 68
- **Neoklassizistische Baukunst genießen** in den Prachtbauten im Civic Center District › S. 72

Karte
S. 64

Im südlichen Zentrum zwischen Union Square, Embarcadero, South of Market und Civic Center zeigt sich San Francisco als eine umtriebige und kunstsinnige Metropole – pulsierendes City Life inklusive.

Will man San Franciscos dynamisches Herz mit all seinen Reizen und Facetten kennenlernen, bietet sich als Einstieg der Union Square an. Umlagert von schicken Designerboutiquen, Kaufhäusern und altehrwürdigen Traditionshotels bildet das Rechteck unter Bäumen und Palmen eine Zone zum Verschnaufen oder um einen Erstkontakt mit der Metropole herzustellen. Im Gegensatz zur unmittelbaren Umgebung des Platzes ist South of Market ein neues Viertel, das erst seit den 1990er-Jahren sein heutiges Gesicht erhielt. Kurz SoMa genannte, hat es sich mittlerweile als kultureller Brennpunkt mit mehreren Museen etabliert und bietet mit Restaurants und Klubs für viele Einwohner einen Erholungs- und Fluchtpunkt nach getaner Arbeit.

Einen anderen Charakter hat der geschäftsmäßige Finanzdistrikt mit Banken, Versicherungen, Investmentbüros etc. zu Füßen der höchsten Wolkenkratzer der Stadt. Das gilt auch für die Uferregion an der Bay, die früher als Handelshafen und Fährzentrum voller hektischer Aktivitäten war, mittlerweile aber zumindest zwischen Ferry Building und Oakland Bay Bridge eher eine Rolle als reizende Jogging- und Flaniermeile übernommen hat. Am südwestlichen Ende von Downtown versammeln sich um das Civic Center Verwaltungseinrichtungen und Kulturtempel in palastartigen neoklassizistischen Bauten.

Oben: Kunstmarkt rund um das Dewey Monument am Union Square
Links: Pier 7 an der Embarcadero-Uferfront vor der Kulisse des Financial District

Touren im südlichen Zentrum

Tour 1 Union Square und SoMa

Verlauf: **Union Square › Westin St. Francis Hotel › Powell & Market Cable Car Turntable › Museum of Modern Art › Yerba Buena Gardens › Contemporary Jewish Museum**

Karte: siehe S. 64
Dauer / Länge: ½–1 Tag mit Museumsbesuchen / 2,7 km

Praktische Hinweise

- Downtown erkundet man am besten und stressfreisten zu Fuß, ein Auto wäre eher hinderlich.
- Von der Haltestelle Powell & Market St. fahren Cable Cars sowohl auf der Powell-Mason-Linie als auch auf der Powell-Hyde-Linie nach Fisherman's Wharf.
- Am Union Square bekommt man beim Kiosk Tix Bay Area Tickets für alle Veranstaltungen, auch zu reduzierten Preisen (Tel. 415-433-7827, www.tixbayarea.com; So–Do 8–16, Fr–Sa 8–17 Uhr).

Tour-Start: Union Square 1 [G4]

Der Union Square ist der namensgebende Platz für den Stadtteil im Herzen der Innenstadt, ein Schnittpunkt wichtiger Straßen sowie ein kommerzielles und kulturelles Epizentrum mit prominenten Shoppingadressen von Giogio Armani bis Louis Vuitton, großen Hotels und mehreren Theatern (Infos und Adressen unter www.visitunionsquaresf.com). Das zum Teil mit Palmen und Blumenbeeten begrünte Rechteck, zwei Straßencafés und Plätze zum Ausruhen und Leute schauen bilden eine famose Gelegenheit, um den hektischen Pulsschlag der Metropole zu fühlen.

In den 1860er-Jahren zur Zeit des Amerikanischen Bürgerkriegs fanden auf dem Platz zahlreiche Kundgebungen zur Unterstützung der Unionsarmee im Kampf gegen die Föderierten statt, wovon sich der Name ableitet. Markantestes Kennzeichen ist das 1903 errichtete **Dewey Monument,** eine 26 m hohe Säule, die zu Ehren des im Spanisch-Amerikanischen Krieg (1898) kämpfenden Admirals George Dewey errichtet wurde. An der nordöstlichen Ecke steht mit der **Ruth Asawa's Fountain** eine 2,3 m hohe und fast 5 m breite bronzene Brunnenskulptur, die auf einem Flachrelief lokale Szenen und Örtlichkeiten darstellt (zwischen Powell, Post, Stockton und Geary St.).

An der östlichen Flanke des Union Square biegt die **Maiden Lane** ab, in der die **Nr. 140** interessant ist. Man kann das Gebäude mit gelbbrauner Ziegelfassade und Rundtor übersehen, weil der wahre Wert erst im Inneren sichtbar wird (Renovierungsarbeiten im Laufe des Jahres 2017): Eine von Stararchitekt Frank Lloyd Wright 1949 entworfene Spi-

Voll besetzt bis zum Trittbrett fährt die Cable Car durch die Powell Street

ralrampe als Aufgang, die als verkleinertes Vorbild für die ähnliche Konstruktion im berühmten Guggenheim Museum in New York gilt.

Zwischenstopp: Restaurants

The Rotunda ❶ €€–€€€ [G4]

Dinieren im Kaufhaus? Im Konsumtempel Neiman Marcus › **S. 39** wird eine ganz besondere Erfahrung daraus, weil man in der 4. Etage in einer Rotunde unter dem gewölbten Dach aus Buntglas fürstlich speist.

- 150 Stockton St. | Tel. 415-249-2720 Anschluss 2465

Delarosa ❷ €€ [G4]

Für Pizza-Lover genau der richtige Ort. Wer will, kann zwecks Kontakt mit anderen Gästen an größeren Gemeinschaftstischen speisen.

- 37 Yerba Buena Ln.
  Tel. 415-872-7363
  www.delarosasf.com
  So–Mi 11–23, Do–Sa 11–24 Uhr

Westin St. Francis Hotel 2 [G3]

Die ersten Gebäudeteile des großen Traditionshotels (335 Powell St., Tel. 415-397-7000, www.westinstfrancis.com; €€€) entstanden zu Beginn des 20. Jahrhunderts. 1972 wurde ein 120 m hoher Hoteltower ergänzt, dessen gläserne Außenfahrstühle wegen ihrer tollen Aussicht über den Union Square bis auf die Bucht der über 1200 Zimmer großen Nobelherberge Renommee verschafft haben. Ursprünglicher Bauherr war mit Charles Crocker einer der großen Eisenbahnbarone, die für den Bau der transkontinentalen Bahnlinie zwischen Ost- und Westküste verantwortlich waren. Der hohe Hotelstandard lässt sich auch an der prominenten Gästeliste ablesen: Neben den US-Präsidenten Theodore Roosevelt, Woodrow Wilson, Gerald Ford und Ronald Reagan nächtigten dort Literaten wie Sinclair Lewis und John Steinbeck, Kinostars wie Charlie Chaplin und Cary Grant und Monarchen wie Königin Elisabeth II. und der japanische Kaiser Hirohito – um nur einige zu nennen. Der Surrealist Salvador Dalí ließ sich bei einem Fotoshooting in einer Hotelbadewanne mit einer grünen Brille auf der Nase, einem Hummer auf dem Kopf und einem Kohlkopf in der Hand ablichten.

Nur ein paar Schritte vom Hotel entfernt ist das **Geary Theater** von 1909 Heimat des prestigeträchtigen, gemeinnützigen American Conservatory Theater. Hinter der opulent-kunstvoll gestalteten Fassade kommen klassische wie zeitgenössische Stücke auf die Bühne (405 Geary St., Tel. 415-749-2228, www.act-sf.org). Nebenan werden im **Curran Theater** hauptsächlich Broadwayshows gezeigt (445 Geary St., Tel. 415-358-1220, www.sfcurran.com).

Powell & Market Cable Car Turntable 3 [G4]

Am Ende der Powell Street befindet sich der Wendepunkt der Cable Cars – für Fans einer der Hotspots in der Stadt. Allerdings gehen die Wendemanöver ziemlich unspektakulär vonstatten: Mit vereinten Kräften drehen Schaffner und Bremser auf der dortigen drehbaren Plattform die Wagen um und machen sie fertig für die nächsten Fahrten. Meistens bilden sich am End- bzw. Anfangspunkt lange Warteschlangen (Ecke Powell & Market St.). Wer längere Wartezeiten vermeiden will, wählt zum

Touren im südlichen Zentrum

Tour 1

Union Square und SoMa

1 Union Square
2 Westin St. Francis Hotel
3 Powell & Market Cable Car Turntable
4 California Historical Society
5 Museum of the African Diaspora
6 San Francisco Museum of Modern Art
7 Yerba Buena Gardens
8 Contemporary Jewish Museum

Tour 2

Embarcadero & Finanzdistrikt

- 9 Exploratorium
- 10 Ferry Building
- 11 Rincon Park
- 12 Justin Herman Plaza
- 13 Embarcadero Center
- 14 Wells Fargo History Museum
- 15 Transamerica Pyramid

Tour 3

Civic Center und Umgebung

- 16 City Hall
- 17 War Memorial Performing Arts Center
- 18 San Francisco Main Public Library
- 19 SHN Orpheum Theatre
- 20 Asian Art Museum
- 21 Little Saigon
- 22 Great American Music Hall

Zusteigen besser eine andere Cable-Car-Station. **50 Dinge** ① › **S. 12.**

Die unter der Straßenebene liegende **Hallidie Plaza** in der Nachbarschaft wirkt trotz einiger Bäume und Grünflächen ziemlich dröge. Dort befindet sich das **San Francisco Visitor Information Center** (900 Market St., Tel. 415-3912000, www.sftravel.com).

Die Market Street bildet auch die Grenze zum Stadtteil **South of Market,** kurz SoMa, der – nomen est omen – südlich von ihr liegt.

California Historical Society 4 [G4]

Das Museum widmet sich mit seinen Ausstellungen unterschiedlichsten Themen des Bundesstaates Kalifornien von Geschichte, Politik, Gesellschaft und Wirtschaft bis zu Kultur und Umwelt. Dabei liegen die Akzente auf essenziellen Bereichen wie dem kalifornischen Goldrausch, Einwanderung, Landwirtschaft und dem künstlerischen Schaffen im Golden State (678 Mission St., Tel. 415-357-1848, www.californiahistoricalsociety.org; Ausstellungen Di–So 11–17, Bibliothek Mi–Fr 13–17 Uhr, Eintritt 5 $, Bibliothek Eintritt frei).

Museum of the African Diaspora 5 [G4]

Auf drei Etagen setzt sich das Haus sowohl als Museum als auch als Kulturzentrum mit vielfältigen Themen und Problemen auseinander, die mit der Ausstrahlung des afrikanischen Kontinents auf die restliche Welt und damit auch auf die in den USA lebenden African Americans zu tun haben (685 Mission St., Tel. 415-358-7200, moadsf.org; Mi–Sa 11–18, So 12–17 Uhr, Erw. 10 $, Senioren ab 65 J. 5 $, Kinder unter 12 J. Eintritt frei).

San Francisco Museum of Modern Art 6 ★1 [G4]

Diese Zitadelle der städtischen Kunstszene widmet sich ausschließlich der Kunst des 20. Jahrhunderts. Das im Stil der spätesten Postmoderne vom Schweizer Architekten Mario Botta entworfene Hauptgebäude wurde 2016 um eine vom norwegisch-amerikanischen Architekturbüro Snøhetta entworfene Erweiterung ergänzt, die das Museum nicht nur zum größten Museum der Stadt, sondern zu einem der größten Kunstmuseen der USA macht. Teile dieses Erweiterungsbaus verfügen über frei zugängliche Bereiche. Kritiker sprachen von einem »urbanen Wohnzimmer«, auch an der Fassandengestaltung schieden und scheiden sich die Geister › **S. 53.** **50 Dinge** ㉔ › **S. 14.**

Zu sehen gibt es eine Menge Hochkarätiges, angefangen von Malerei, Fotografie Bildhauerkunst, Architektur und Design bis zu Medienkunst. Zur Crème de la Crème der vertretenen Künstler gehören Alexander Calder, Chuck Close, de Kooning, Ansel Adams, Frida Kahlo, Paul Klee, Georgia O'Keeffe, Jackson Pollock und viele andere; in einem zur Straße hin verglasten Raum thront eine gigantische, rostbraune Richard-Serra-Skulptur. Sich erholen kann man dann im Café im

In den Yerba Buena Gardens findet man Kunst und Erholung mitten in Downtown

5. Stock (151 3rd St., Tel. 415-357-4000, sfmoma.org; Fr–Di 10–17, Do 10–21 Uhr, Erw. 25 $, Senioren ab 65 J. 22 $, 19–24 J. 19 $, unter 18 J. Eintritt frei).

Yerba Buena Gardens 7 ★ [G4]

Die Gärten sind nicht nur eine grüne Oase zum Relaxen, sondern auch eine Open-Air-Kunstgalerie mit Sehenswürdigkeiten wie einem im Boden versunkenen Glasschiff, Skulpturen, einer Erinnerungsstätte mit Wasserfall an den ermordeten Bürgerrechtler Martin Luther King und künstlerischen Reminiszenzen an die früher in der Region lebenden Ohlone-Indianer, die an dieser Stelle ihre Toten beerdigten (750 Howard St., yerbabuenagardens.com; tgl. 6–22 Uhr, Eintritt frei).

Das im Park liegende **Yerba Buena Center for the Arts** ist das ganze Jahr hindurch Bühne für künstlerische Veranstaltungen (701 Mission St., Tel. 415-978-2700, www.ybca.org; Di–So 11–18, Do 11–20 Uhr).

Contemporary Jewish Museum 8 [G4]

Wie weit verbreitet jüdische Kultur und jüdisches Leben auf dem Planeten Erde sind, will das Kulturzentrum samt Ausstellungsgalerie, Auditorium und Sälen mit vielen regelmäßig wechselnden Ausstellungen und Veranstaltungen zu Kunst, Geschichte und Religion zeigen und erklären. Hierfür existiert seit 2008 in SoMa ein neuer, großer Museumsanbau, dem kein Geringerer als Stararchitekt Daniel Libeskind unübersehbar seinen Stempel aufdrückte – u. a. mit zwei verdrehten Quadern, die mit leuchtend blauen Stahlpaneelen verkleidet wurden › **S. 52**. Ob man nun das Museum wegen seiner ungewöhnlichen Architektur oder seiner Ausstellungen besuchen sollte, muss jeder Besucher für sich entscheiden (736 Mission St., Tel. 415-655-7800, thecjm.org; Mo–Di u. Fr–So 11–17, Do 11–20 Uhr, Erw. 14 $, Senioren ab 65 J. 12 $, unter 18. J. und 1. Di im Monat Eintritt frei).

Tour 2 Embarcadero und Finanzdistrikt

Verlauf: Exploratorium › Ferry Building › Rincon Park › Embarcadero Center › Wells Fargo History Museum › Transamerica Pyramid

Karte: siehe S. 64
Dauer/Länge: 2–3 Std./3,1 km
Praktische Hinweise:

- Die Tour ist gut zu Fuß machbar.
- Vom Exploratorium kann man mit den historischen Cable Cars der F-Linie zum Ferry Building und weiter entlang der Market Street fahren.
- Im Finanzdistrikt findet man außer Hochhausarchitektur weniger Sehenswürdigkeiten als im restlichen Zentrum.

Tour-Start: Exploratorium 9 [H2]

Die Tour startet am Embarcadero, wie San Franciscos östliche Wasserkante an der Bucht bezeichnet wird, vor dem Exploratorium. Das Wissenschaftsmuseum deckt eine Themenvielfalt von Naturphänomenen über Geschichte und Geografie der Bay Area bis hin zu Ökosystemen und Fragen menschlichen Verhaltens ab. Viele Ausstellungen und Versuchsaufbauten sind interaktiv angelegt, Licht- und Tonexperimente begeistern Jung und Alt (Pier 15, Tel. 415-528-4444, www.exploratorium.edu; Di–So 10–17, Do 10 bis 22 Uhr, Erw. 29,95 $, Senioren 24,95 $, Kinder 4–12 J. 19,95 $).

Ferry Building 10 [H3]

Schon von Weitem ist das lang gestreckte Ferry Building von 1898 an seinem viereckigen Uhrturm erkennbar, der der Giralda der Kathedrale im spanischen Sevilla nachempfunden sein soll. Früher ein wichtiger Hafen für die in der Bucht von San Francisco verkehrenden Schiffe und Fähren, verlor der Terminal seit den 1930er-Jahren seine Bedeutung, nachdem der Bau der Oakland Bay Bridge und der Golden Gate Bridge die Halbinsel aus ihrer prekären verkehrstechnischen Isolation befreit hatte. Wo einst Passagiere ankamen und abfuhren, entstand seit 2002 eine Ansammlung von rund 50 Feinkostläden und Restaurants der gehobenen Kategorie, die das Gebäude zum populären »Bauch von San Francisco« gemacht haben (1 Embarcadero, Tel. 415-983-8030, www.ferrybuildingmarketplace.com; Mo–Fr 10–19, Sa 8–18, So 11–17 Uhr). **50 Dinge (17) › S. 14. 50 Dinge (22) › S. 14.**

Vor dem Gebäude findet dreimal die Woche ein **!** Farmers Market statt, auf dem an bis zu 100 Ständen Obst, Gemüse, Eier, Fleisch und andere regionale Produkte direkt vom Erzeuger feilgeboten werden. Besonders am Samstagvormittag wird der Markt zu einem sozialen Event: Man trifft sich an draußen aufgestellten Biertischen, lässt sich Snacks und frisch gebrühten Kaffee schmecken und plaudert mit den Sitznachbarn (www.cuesa.org; Di u. Do 10–14, Sa 8–14 Uhr).

Vom Ferry Building folgt dem Ufer der Bucht in südlicher Richtung der **Embarcadero Skyway** bis zur Oakland Bay Bridge und darüber hinaus bis zum AT&T Park, dem Heimstadion der Baseballmannschaft San Francisco Giants. Die Umgestaltung des Küstenabschnitts war in Angriff genommen worden, nachdem das Loma-Prieta-Erdbeben 1989 den Embarcadero Freeway stark beschädigt und sich die Stadt zum Abriss entschlossen hatte. Heute kann man auf der ganzen Strecke unbehindert vom Autoverkehr flanieren, radeln, den schönen Blick auf die Bucht genießen und sich anhand von Informationstafeln über die Geschichte der Wasserkante informieren.

Shopping

Beekind [H3]

Das Geschäft, das eigene Bienenvölker hält, produziert pestizidfreien Honig in zahlreichen Variationen von Wildblumenhonig bis zu Honig aus Redwood-Wäldern. Ebenfalls im Angebot: Kerzen aus echtem Bienenwachs.

- 1 Ferry Building | Suite 21B
  Tel. 415-307-8682
  www.beekind.com
  Mo–Fr 9–19, Sa 8–18, So 10–17 Uhr

Rincon Park 11 [H3]

Auf einer Rasenfläche erhebt sich die 18 m hohe Fiberglas- und Stahlskulptur **Cupid's Span,** eine Gemeinschaftsproduktion von Claes Oldenburg und Coosje van Bruggen, finanziert vom Gründer der Modekette GAP. Der Grund für das Pfeil-und-Bogen-Werk? Der teilweise in der Erde versunkene Bogen sieht den Konturen eines Schiffs ähnlich, während die Sehne Assoziationen mit einer Hängebrücke und der Pfeil mit einem von Eros, dem griechischen Gott der Liebe, auf die Erde abgeschossenen Pfeil weckt, um sie fruchtbar zu machen (Embarcadero & Folsom St.).

Das historische Ferry Building ist heute der »Bauch der Stadt«

! Erst-klassig

Die besten Bauernmärkte

- **Ferry Plaza Farmers Market**
  Der populäre Bauernmarkt ist zum »grünen Bauch« der Metropole geworden. › **S. 68**
- **Fort Mason Center Farmers' Market** [F2]
  Etwa drei Dutzend Bauern und Händler bieten am Parkplatz des Fort Mason Center for Arts & Culture frische Ware aus der Umgebung der nördlichen Bay an. Bio-Produkte werden immer wichtiger (Marina Blvd., Marina; ganzjährig So 9.30–13.30 Uhr).
- **Heart of the City Farmers' Market** [F4]
  Da der Markt mitten in der City sehr populär ist, sind manche Waren spätestens ab 15 Uhr ausverkauft (United Nations Plaza, Civic Center, www.hotcfarmersmarket.org; Mi und So 7–17 Uhr).
- **4th Ave. and Geary Farmers Market** [D4]
  Hier gibt es Obst, Gemüse, Salat oder Eier frisch von Farmen der Region – aber nur gegen Bargeld (3931 Geary Blvd., Inner Richmond; tgl. 8–20 Uhr)
- **Mission Community Market** [F6]
  Bunter, stimmungsvoller Stadtteilmarkt, auf dem man zwischen Obst- und Gemüsebergen auch Straßenbands lauschen kann (Mission & 22nd St.,www.missioncommunitymarket.org; März bis Nov. Do 16–20 Uhr).

Justin Herman Plaza 12 [H3]

Der von Bäumen gesäumte Platz vor dem Ferry Building hat viele Funktionen: Mittagspause für die Beschäftigten der umliegenden Büros, Kinderspielplatz, gelegentliche Kunsthandwerksmesse oder Schlittschuhgelände im Winter. Unübersehbares Kennzeichen der Freifläche ist mit der **Vaillancourt Fountain** ein Werk des kanadischen Bildhauers Armand Vaillancourt aus den 1970er-Jahren, das der Bevölkerung von Anfang an ein Dorn im Auge war. Die Brunnenskulptur ähnelt einem auf die Erde gefallenen Himmelskörper aus schweren Betonteilen. Versuche, das Kunstwerk zu beseitigen, scheiterten schon vor Jahrzehnten u.a. am Widerstand des Schöpfers. Das einzig Positive, was man über den Brunnen sagen kann: Aus jedem Blickwinkel sieht er anders aus (60 Embarcadero). **50 Dinge** (28) › **S. 15**.

Embarcadero Center 13 [H3]

Für die einen ein toller planerischer Wurf, für andere ein klassischer Fall von missratener Stadtplanung. Der zwischen 1971 und 1989 auf einer vier Hektar großen Fläche errichtete Riesenkomplex auf unterschiedlichen Etagen besteht aus fünf Bürotürmen, zwei Luxushotels, einem Shoppingzentrum, über 120 Geschäften, Bars und Restaurants, Kinos und einem dreigeschossigen Fitnesscenter mit einem riesigen Maschinenpark (embarcaderocenter.com). Das betongraue Embarca-

Mittags strömen die Berufstätigen vom Embarcadero Center zum Ferry Building

dero Center bildet das kommerzielle und geschäftsmäßige Herz des Finanzdistrikts.

Auf der »Wall Street des Westens«, der **Montgomery Street**, herrscht wochentags Hektik. In Bankerkreisen ist man heute noch stolz darauf, dass selbst während der Weltwirtschaftskrise in den 1930er-Jahren in San Francisco so viel Finanzkraft vorhanden war, um mit der Oakland Bay Bridge und der Golden Gate Bridge zwei Großprojekte realisieren zu können. Abends nach Büroschluss und an Wochenenden macht das Glas- und Betonviertel mit seinen Rolltreppen, Brücken und Terrassen einen eher verlassenen Eindruck.

Wells Fargo History Museum 14 [G3]

Die Geschichte der Wells Fargo Bank und der Stadt San Francisco sowie die Goldrauschära werden in Displays auf zwei Stockwerken unterhaltsam erklärt. Orden, historische Fotos, Gemälde, Goldfunde, alte Münzen, Plakate von damals, Waffen, Landkarten mit den historischen Routen der Pferdekutschen und natürlich der originalgetreue Nachbau einer Postkutsche verschaffen einen informativen Einblick in alte Zeiten (420 Montgomery St., Tel. 415-396-2619, www.wellsfargohistory.com; Mo–Fr 9 bis 17 Uhr, Eintritt frei).

Transamerica Pyramid 15 [G3]

Als der letzte Maurer 1972 die Kelle aus der Hand legte, war der außergewöhnliche Wolkenkratzer mit 260 m eines der fünf höchsten Gebäude der Welt. Heute rangiert das Bürogebäude längst unter den Kleinwüchsigen, fällt aber trotzdem durch seine Pyramidenform mit zwei seitlichen Flügeln immer noch auf. Längst gehört es zu den Wahrzeichen der Skyline, war aber schon in seiner Planungszeit in der Bevölkerung heftig umstritten › S. 52. Dass sich der Architekt schließlich doch durchsetzte, hatte zwei Gründe. Erstens wirft die pyramidenähnliche Form weniger Schatten als ein herkömmliches Gebäude. Zweitens erwies sich San Franciscos »Fingerzeig in den Himmel« im tektonisch instabilen Kalifornien als erdbebensicher. Das früher öffentlich zugängliche Observation Deck auf dem 27. Stockwerk ist längst geschlossen. Aber die Aussicht kann man immer noch bewundern – und zwar auf Bildschirmen im benachbarten **Transamerica Pyramid Visitor Center,** wohin die Bilder von vier auf der Spitze installierten Kameras übertragen werden (600 Montgomery St., Tel. 415-829-5423, www.pyramidcenter.com; Mo–Fr 10 bis 15 Uhr). **50 Dinge** (37) › **S. 16.**

Direkt neben der Pyramide liegt ein lauschiger **Park** mit Redwood-Bäumen, die aus den 60 Meilen entfernten Santa Cruz Mountains herangeschafft worden waren.

Zwischenstopp: Einkehr

Barbarossa Lounge 3 €€–€€€ [G3]
Das fensterlose Lokal mit Ziegelwänden befindet sich dort, wo im 19. Jahrhundert ein Gefängnis stand. Die Gäste lümmeln sich auf Polstermöbeln oder sitzen an Bistrotischen. An Wochenenden gibt's Musik. Selbst für Raucher ist mit einem Hof gesorgt.

- 714 Montgomery St.
  Tel. 415-434-4204
  barbarossalounge.com
  Mo–Mi 16–24, Do–Fr 16–2, Sa 18–2 Uhr, Happy Hour 16–19 Uhr

Tour 3 Civic Center und Umgebung

Verlauf: **City Hall › War Memorial Performing Arts Center › Civic Center Plaza › San Francisco Main Public Library › SHN Orpheum Theatre › Asian Art Museum › Great American Music Hall**

Karte: siehe S. 64
Länge/Dauer: 2–3 Std./3,5 km
Praktische Hinweise:

- Die historische Cable-Car-Linie F fährt auf der Market Street in ca. 8 Minuten vom Union Square zur Haltestelle 9th & Larkin St. Die nächstgelegene BART-Haltestelle ist Civic Center/United Nations Plaza auf der Tiefebene.
- Auf der United Nations Plaza bei der City Hall findet wöchentlich Mi u. So der Heart of the City Farmers' Market statt › **S. 70.**
- In der wunderschönen City Hall werden einstündige, kostenlose Führungen angeboten (Mo–Fr 10, 12 und 14 Uhr).

Tour-Start: City Hall 16 ★ [F4]

Mit dem Rathaus hat sich San Francisco zwischen 1912 und 1915 ein eindrucksvolles Juwel im Beaux-Arts-Stil mitten im Civic Center geschaffen. In diesem Teil der Stadt mit zahlreichen prächtigen Bauten arbeitet die Stadtverwaltung mit ihren zahlreichen Einrichtungen. Gleichzeitig gruppieren sich aber nördlich des Kreuzung von Market Street und Van Ness Avenue mehrere kulturelle Hotspots.

Schon von Weitem ist die City Hall an ihrer imposanten 90 m hohen, dem Pariser Invalidendom nachempfundenen Kuppel zu erkennen, die mit ihrer Oberfläche aus 23,5-karätigem Blattgold auf den Beinamen Kaliforniens hinweist: **The Golden State.** Das von Säulen dekorierte Gebäude ist so gewaltig, dass es zwei ganze Straßenblöcke einnimmt. Im Inneren glänzt der »Palast des Volkes« mit aufwendigem Stuck an Wänden und Decken und Dekor wie in einem Königsschloss (400 Van Ness Ave., Tel. 415-554-6139, www.sfgov.org/cityhall; Mo–Fr 8–20 Uhr, Eintritt frei).

Schaustück ist eine grandiose, von schmiedeeisernen Geländern flankierte **Marmortreppe** mit 42 Stufen, die unter der Kuppel in das nächste Stockwerk hinaufführt. Blickt man von dort nach unten in die Lobby, erkennt man das aus rosa Marmor bestehende Bodenmuster im Eingangsbereich. Auf der 2. Etage erinnern zwei Büsten an eine tragische Gewalttat im Jahr 1978. Bürgermeister George Moscone und Stadtrat Harvey Milk › **S. 124**, der sich offen zu seiner Homosexualität bekannte, wurden von einem Ex-Supervisor erschossen, der sich, mit einem Gewehr bewaffnet, Zugang zum Rathaus verschafft hatte. Bereits nach fünf Jahren war der verurteilte Mörder wieder in Freiheit und kehrte in die Stadt zurück, was

San Franciscos City Hall ist vom französischen Beaux-Arts-Stil des frühen 20. Jhs. inspiriert

zu massiven Protesten führte. Er nahm sich 1985 das Leben.

An der Ostseite des Rathauses dehnt sich die quadratische, von mehreren Gebäuden umgebene **Civic Center Plaza** aus, die über die Jahre mehrfach umgestaltet wurde. Heute dient sie der Bevölkerung für Demonstrationen, Protestmärsche, Festivals und diverse Kulturveranstaltungen. Städtische Angestellte wie Passanten gönnen sich an Foodtrucks einen Happen. Obdachlose schlagen gelegentlich mitten im Verwaltungszentrum ihre Zelte auf (zwischen McAllister, Larkin und Grove St.).

War Memorial Performing Arts Center 17 [F4]

Der City Hall gegenüber liegt das War Memorial Performing Arts Center, das sich aus mehreren Gebäuden zusammensetzt (401 Van Ness Ave., Tel. 415-621-6600, sfwmpac.org):

Das **War Memorial Veteran's Building** 1945 machte Geschichte, als am 26. Juni 1945 Repräsentanten von 43 Nationen die Gründungscharta der Vereinten Nationen unterzeichneten. Teil des Komplexes ist das 1000 Plätze große **Herbst Theater,** in dem Jahr für Jahr über 200 Veranstaltungen unterschiedlicher Kultureinrichtungen über die Bühne gehen. Im pistaziengrünen Green Room finden unter Kronleuchtern kleinere Events statt. Neben diesen beiden Einrichtungen gehört zum War Memorial Performing Arts Center zwei weitere wichtige Kulturstätten. Das **War Memorial Opera House** bietet während der Saison von September bis Dezember Platz für über 3000 Opern- und Ballettliebhaber. In der sehenswerten Hauptlobby finden gelegentlich elegante Cocktailpartys und Empfänge statt.

Südlich der Oper residiert in der **Louise M. Davies Symphony Hall** das San Francisco Symphony Orchestra, dessen Spielsaison von September bis Mai dauert und das in den Sommermonaten neben klassischer Musik auch Popkonzerte bietet. Vor dem Gebäude bildet eine Bronzeskulptur des britischen Bildhauers Henry Moore aus dem Jahr 1973 einen Blickfang.

Zwischenstopp:

Biergarten 5 € [F4]

Brat- und Currywurstrefugium unter freiem Himmel nicht nur für heimwehgeplagte Deutsche. Selbst auf bayerisches Weißbier muss man in dem rustikalen Biergarten nicht verzichten.

- 424 Octavia St.
  Tel. 415-252-9289
  www.biergartensf.com
  Im Sommer Mo–Sa 15–21, So 13–19, im Winter Mo–Sa 14–20, So 13 bis 17 Uhr

San Francisco Main Public Library 18 [F4]

Das repräsentative Gebäude aus weißem Sierra-Nevada-Granit passt mit seinem auf die Renaissance und den klassischen Barock zurückgreifenden Beaux-Arts-Stil zur Architektur des Civic Center. Die Buchbestände belaufen sich auf über

Terrakottakrieger aus dem Reich der Mitte im Asian Art Museum

1,2 Mio. Exemplare. Hinzu kommen Manuskripte und Zeitungen. Neben einem fünf Stockwerke hohen, glasgedeckten Atrium und einer bis ins vierte Stockwerk führenden großen Treppe beeindruckt der Innenraum mit zahlreichen Kunstgegenständen und Wandgemälden. Gäste können PCs nutzen und kostenlos ins Internet gehen. Im Poets Café werden kleinere Speisen angeboten (100 Larkin St., Tel. 415-557-4400, http://sfpl.org, Mo und Sa 10–18, Di–Mi 9–20, So 12–18 Uhr, Führungen jeden 1. Di im Monat um 12 Uhr ab Information im Atrium im 1. Stockwerk, Tel. 415-557-4266).

SHN Orpheum Theatre 19 [F4]

1926 erbaut, beeindruckt das Theater heute noch mit seinem außergewöhnlichen kathedralenhaften Inneren. Über die Bühne gingen und gehen Varietévorführungen, Musikkomödien, Broadwayshows Theaterstücke und Stummfilme (1192 Market St, Tel. 1-888/746-1799, shnsf.com).

Asian Art Museum 20 [G4]

Das ebenfalls wie die City Hall 1917 im Beaux-Arts-Stil errichtete Gebäude wurden vom selben Architekten entworfen, der auch das Pariser Musée d'Orsay plante. Über 15 000 Ausstellungsstücke führen durch viele Tausend Jahre orientalischer Geschichte und Kunst von königlichen Grabschätzen aus dem Reich der Mitte, meisterlichen Buddhastatuen und Tierskulpturen aus der chinesischen Bronzezeit bis zu japanischen Tempelschätzen (200 Larkin St., Tel. 415-581-3500, www.asianart.org; Di–So 10–17, Do bis 21 Uhr, Erw. 15 $, Senioren ab 65 J. und Kinder 13–17 J. 10 $, 1. So im Monat Eintritt frei).

Vor dem Museum wurde mit dem **Pioneer Monument** San Franciscos größtes Monument 1894

Das wahrlich monumentale Pioneer Monument vor dem Asian Art Museum

ganz im Geist der damaligen Zeit errichtet. Es ist jenen Menschen gewidmet, die nicht nur Kalifornien, sondern den gesamten Westen des Landes eroberten: Den Pionieren. Auf der runden Basis thront symbolisch für Kalifornien eine mit Schild und Speer bewaffnete Frauenfigur. Zu ihren Füßen sind auf niedrigeren Sockeln vier Skulpturengruppen dargestellt, die der Staatswerdung von Kalifornien den Boden bereiteten. 1996 sah sich die Stadt genötigt, mit einer Bronzeplakette auf die Rolle der kalifornischen Ureinwohner hinzuweisen und daran zu erinnern, dass vor allem in der Zeit seit dem Goldrausch die indianische Bevölkerung schwer dezimiert wurde (147 Fulton St.).

Little Saigon 21 [F4]

So ist die Bezeichnung einer vietnamesischen Enklave über zwei Straßenblocks (Larkin St. zwischen Eddy und O'Farrell St.) im Tenderloin District. In der Neighborhood findet man Geschäfte mit exotischem Angebot und Restaurants für fernöstliche Gaumenfreuden: *Banh Mi* (Baguette mit Schweinefleisch und Gemüse), *Pho* (variantenreiche Reisnudelsuppen) oder Knoblauchnudeln verströmen ihren unverkennbaren Duft.

Zwischenstopp: Restaurant

Hà Nam Ninh ❹ € [F4]
Das Angebot an Gerichten in diesem einfachen Lokal ist zwar überschaubar. Aber was an vietnamesischen Spezialitäten auf den Tisch kommt, schmeckt.

- 701 Larkin St. | Tel. 415-365-3100 www.hanamninhsf.net Di–Sa 9–21, So 9–17 Uhr

Great American Music Hall ★ 22 [F4]

Mit reich verzierten Balkonen, Säulen und einer wunderschönen Stuckdecke kommt der älteste und mit 600 Plätzen größte Musikklubs der Stadt wie ein altehrwürdiger Operntempel daher. Die gebotenen Programme sind nicht auf eine Richtung festgelegt, sondern reichen von burlesken Shows und Tanzdarbietungen bis hin zu Jazz-, Folk- und Rock-'n'-Roll-Konzerten. Außer dem legendären Duke Ellington standen hier schon Größen wie Count Basie, Van Morrison, The Grateful Dead und Patti Smith auf der Bühne (859 O'Farrell St., Tel. 415-885-0750, www.slimspresents.com/great-american-music-hall).

Rechts: Fisherman's Wharf ist ein Touristenmagnet, gut erreichbar auch per Cable Car

DAS NÖRDLICHE ZENTRUM

Kleine Inspiration

- **Movie-Ambiente genießen** in Francis F. Coppolas Cafe Zoetrope › S. 88
- **Erinnerungsfotos schießen** von der Spitze des Coit Tower auf die Häuserlandschaft in Downtown › S. 90
- **Echte Hafenatmosphäre schnuppern** am frühen Morgen, bevor in Fisherman's Wharf der Touristenzirkus beginnt › S. 92
- **Sich die Nacht um die Ohren schlagen** in den Bars und Kneipen um das »Bermudadreieck« im Stadtteil Marina › S. 97

Im nördlichen Teil von Downtown könnte die Stadt abwechslungsreicher kaum sein. Nobelhotels, chinesische Garküchen, Seelöwenkolonien, schwimmende Oldtimer und Literatencafés bilden faszinierende Kontraste.

Zwischen dem Nobelhügel Nob Hill mit seiner exquisiten High-Society-Atmosphäre und dem nördlichen Ufer der Bucht dehnt sich eine Region aus, die bei San-Francisco-Besuchern zu den populärsten Zugnummern der Stadt gehört. »Schuld« daran ist in erster Linie Chinatown mit seinem unwiderstehlichen fernöstlichen Flair zwischen Tempeln, Pagodendächern und Straßenzügen voll exotischer Düfte. Hier scheinen andere Gesetze zu gelten, andere Tagesrhythmen und Lebensphilosophien allemal. Auch das eher italienisch geprägte North Beach, auch Little Italy genannt, zählt mit seinen Cafés, Restaurants und Delikatessenläden zu den touristischen Highlights, ganz zu schweigen von der krummsten Straße der Stadt und einem der besten Aussichtspunkte auf dem Telegraph Hill.

Man tut Fisherman's Wharf kein Unrecht, wenn man die populäre Wasserkante als touristische Amüsiermeile bezeichnet, an der Souvenirläden, Ausflugsschiffe, ambulante Brezelverkäufer, Straßenkünstler, Fastfood-Tempel und Berge von Kitsch und Tand für Zeitvertreib sorgen. Für Seefahrtnostalgiker dümpeln mehrere Schiffe im Wasser, die Geschichten von alten Seebären und Weltkriegseinsätzen erzählen. Im Westen schließt sich an Fisherman's Wharf das Viertel Marina mit hübschen, fast kleinstädtisch wirkenden Straßenzügen an, in denen Konsumfreudige shoppen und Trinkfreudige sich die Nächte um die Ohren schlagen.

San Franciscos Chinatown ist voll pulsierendem Leben und fernöstlichem Flair

Touren im nördlichen Zentrum

Tour 4 Nobelhügel Nob Hill

Verlauf: **Huntington Park › Grace Cathedral › Cable Car Museum › InterContinental Mark Hopkins › Fairmont Hotel**

Karte: siehe S. 80
Dauer / Länge: 2–3 Std. mit Besuch von Grace Cathedral und Cable Car Museum / 1,7 km
Praktische Hinweise:
- Durch Nob Hill fahren alle drei Cable-Car-Linien.
- Nob Hill zählt nicht nur zu den teuersten, sondern auch zu den sichersten Vierteln der Stadt.

Tour-Start: Huntington Park 1 [G3]

Das Nob-Hill-Viertel wurde als Wohngebiet erst erschlossen, nachdem das Cable-Car-System erfunden worden war und der Aufstieg auf den Hügel bequemer gemacht wurde. Danach ließen sich in der Gegend die wohlhabendsten Bürger nieder und machten sie zu einer der reichsten Stadtgemeinden. Passend leitet sich auch der Stadtteilname vom südostasiatischen Herrschertitel Nawab ab, woraus später Nabob wurde, als Bezeichnung für jemanden mit großem Reichtum und Einfluss. Dass der Begriff verkürzt auf den Nobelhügel in San Francisco angewandt wurde, ist den sogenannten *Big Four* zu verdanken: den Eisenbahnkönigen Mark Hopkins, Collis P. Huntington, Charles Crocker und Leland Stanford. Sie brachten es durch den Bau der transkontinentalen Eisenbahnlinie, mit teils zweifelhaften Mitteln, zu riesigen Vermögen, womit sie auf dem Nob Hill fürstliche Residenzen errichteten. Alle fielen dem großen Erdbeben von 1906 zum Opfer.

Wo sich heute der Huntington Park ausdehnt, stand ursprünglich der Prachtbau von Collis P. Huntington. Seine Witwe vermachte den Grund und Boden der Stadt, die 1915 den Park mit Bäumen, Hecken und Rasenflächen anlegen ließ. Im Zentrum befindet sich mit dem **Schildkrötenbrunnen** eine Nachbildung des Originals, das auf der Piazza Mattei in der Altstadt von Rom steht (California & Taylor St.; tgl. 6–20.30 Uhr).

An der südöstlichen Parkecke hat das im italienischen Stil aus braunrotem Stein errichtete Gebäude, **James C. Flood Mansion,** dem Erdbeben von 1906 getrotzt. Der Entwurf für den 1886 fertiggestellten Palast stammte von Augustus Laver, der im Auftrag von James Flood arbeitete. Der Auftraggeber hatte es durch den Silberbergbau zu einem beträchtlichen Vermögen gebracht. Heute dient das herrschaftliche Anwesen dem privaten Pacific-Union Club als Zentrum (1000 California St., www.floodmansion.org; keine Besichtigung der Räume).

Touren im nördlichen Zentrum

Tour 4

Nobelhügel Nob Hill

1 Huntington Park
2 Grace Cathedral
3 Cable Car Museum
4 Fairmont San Francisco
5 InterContinental Mark Hopkins

Tour 5

Exotische Chinatown

6 Dragon's Gate
7 Chinese Historical Society of America
8 Kong Chow Temple
9 Tin How Temple
10 Portsmouth Square
11 Golden Gate Fortune Cookie Factory

Tour 6

North Beach

12 Columbus Tower
13 Jack Kerouac Alley
14 Beat Museum
15 Washington Square
16 Telegraph Hill
17 Lombard Street
18 Filbert Street

Tour 7

Fisherman's Wharf & Marina

19 Pier 33
20 Pier 39
21 Pier 45
22 Maritime National Historical Park
23 Fort Mason
24 Wave Organ
25 Palace of Fine Arts Theatre
26 Marina – Chestnut Street

Historische Kabeltrambahn im Cable Car Museum

Grace Cathedral 2 [G3]

Blickt man auf die wuchtige Grace Cathedral, fühlt man sich angesichts der von zwei Türmen flankierten Fassade an die Kathedrale Notre-Dame in Paris erinnert. Die stammt zwar aus Frankreich, weist aber statt christlicher Motive die Porträts irdischer Promis auf wie Franklin D. Roosevelt, Albert Einstein, Henry Ford und Robert Frost. Wenn Sie das Baptisterium in Florenz kennen, dann erinnern Sie die bronzenen Bibeldarstellungen am Hauptportal der Grace Cathedral bestimmt an die berühmte Paradiestür des Bildhauers Lorenzo Ghiberti in der toskanischen Metropole (1100 California St., Tel. 415-749-6300, www.gracecathedral.org; tgl. 8–18 Uhr). **50 Dinge** (12) › **S. 12.**

Cable Car Museum 3 ★2 [G3]

Die Taylor Street nach Norden und die Washington Steet hinab kommt man zum Cable Car Museum. Nach wie vor ist das Gebäude das Herz und Nervenzentrum des städtischen Kabelbahnsystems. Von einer Aussichtsplattform können Besucher das zentrale Räder- und Motorensystem studieren, über das die im Boden verlaufenden Kabel gezogen werden, an denen die Cable Cars mit einem speziellen Griffmechanismus festgehalten werden. Nostalgiker bewundern neben drei Oldtimer-Bahnen aus den 1870er-Jahren zahlreiche technische Gerätschaften und Werkzeuge, die für den Betrieb notwendig sind und einen Einblick in San Franciscos einmaligen innerstädtischen Schienentransport geben (1201 Mason St., Tel. 415-474-1887, cablecarmuseum.org; tgl. 10–17 Uhr, ! Eintritt frei). **50 Dinge** (38) › **S. 16.**

Zwischenstopp: Restaurant

Nob Hill Cafe 1 €€ [G3]

Das familiäre Restaurant serviert klassische italienische Küche mit Pasta und Pizza.

- 1152 Taylor St. | Tel. 415-776-6500
  www.nobhillcafe.com
  Tgl. 11–15 u. 17–22 Uhr, Sa u. So Brunch

Fairmont San Francisco 4 [G3]

Selbst wer hier nicht logiert, sollte einen Blick in die wunderschöne Lobby mit ihren korinthischen Marmorsäulen und gewölbten Decken werfen. Das Fairmont Hotel überstand zwar das katastrophale Erdbeben 1906, nicht aber die Feuersbrunst, die in der Folge ausbrach. Auf den Tag genau ein Jahr später konnte das Hotel in neuem Glanz wiedereröffnet werden. 1945 machte es Geschichte als Nabel der Welt: Elf Wochen lang, von Mitte April bis Ende Juni, tagten dort Delegationen aus über 40 Staaten, die über 80 % der Weltbevölkerung repräsentierten und die Charta der Vereinten Nationen entwarfen, die schließlich im War Memorial Veteran's Building › **S. 74** verabschiedet wurde. Die Flaggen der damaligen Teilnehmerstaaten schmücken noch heute den Hoteleingang.

Die **Tonga Room & Hurricane Bar** zählt zu den außergewöhnlichsten Bars der Stadt. In regelmäßigen Abständen geht ein Tropensturm mit Donner und Regen über dem Lokal nieder, bei dem die Gäste allerdings trocken bleiben (950 Mason St., Tel. 415-772-5000, www.fairmont.de/san-francisco; Tonga Room So, Mi und Do 17 bis–23.45, Fr–Sa bis 0.45 Uhr).

InterContinental Mark Hopkins 5 [G3]

Unter den »Platzhirschen« der lokalen Hotellerie hat dieses Traditionshaus aus dem Jahr 1926 einen festen Platz. Es wurde nach einem Mitbegründer der Central Pacific Railroad benannt, der vor dem großen Erdbeben auf dem Nob Hill seinen Wohnsitz hatte. Unter den Gästen der Nobelherberge waren in der Vergangenheit Staatschefs, gekrönte Häupter und bekannte Namen aus der Musik- und Unterhaltungsindustrie, von Elizabeth Taylor über Elvis Presley und Michael Jackson bis zu den Rolling Stones. Auf der 19. Etage befindet sich mit dem **Top of the Mark** eine Lounge mit toller Aussicht (1 Nob Hill Place, Tel. 415-392-3434, www.intercontinentalmarkhopkins.com).

Und die California Street weiter Richtung Osten wartet mit dem **Ritz-Carlton San Francisco** noch ein weiteres Top-Hotel mit 5-Sterne-Luxus hinter neoklassizistischen Prachtfassaden aus dem Jahr 1909 auf zahlungskräftige Kundschaft (600 Stockton St., Tel. 415-296-7465, www.ritzcarlton.com). Hier befindet sich auch der Cable Car Stop »Stockton & California«.

Das traditionsreiche Mark Hopkins Hotel

Tour 5 Exotische Chinatown ★3

Verlauf: Dragon's Gate › Kong Chow Temple › Tin How Temple › Portsmouth Square › Golden Gate Fortune Cookie Factory

Karte: siehe S. 80
Dauer/Länge: 3–4 Std./4 km
Praktische Hinweise:

- In Chinatown braucht man weder Auto noch öffentliche Verkehrsmittel. In den zum Teil engen Straßen und Alleys ist man am besten zu Fuß unterwegs.
- Einheimische schwärmen am liebsten samstagnachmittags zum Einkaufen aus. Dann herrscht in den einschlägigen Straßen Hochbetrieb.
- Für eine Pause im Freien bietet sich der Portsmouth Square › **S. 86** mit seinen zahlreichen Bänken an. Im Chinese Culture Center › **S. 87** kann man Führungen durch Chinatown buchen.

Tour-Start: Dragon's Gate 6 [G3]

Nirgendwo präsentiert sich die Stadt so unamerikanisch und exotisch wie in Chinatown. Das fängt schon am südlichen Eingang an, der sich stilecht präsentiert. Das steinerne Dragon's Gate mit drei grünen Ziegeldächern und zwei heiligen Foo-Hunden links und rechts lässt erahnen, dass sich hinter dem Tor eine fremde Welt auftut. San Franciscos »Reich der Mitte« zwischen Kearny und Powell Street ist ein fernöstlich-turbulentes, lebendiges und chaotisches Stadtviertel. Wie viele Menschen in diesem am dichtesten bevölkerten Stadtteil wohnen, weiß niemand genau – aber über 150 000 sollen es sein, von denen die meisten in beengten Verhältnissen in Ein-Zimmer-Wohnungen leben.

Hinter dem Dragon's Gate öffnet sich mit der **Grant Avenue** die zentrale Geschäftsmeile, die Chinatown in Nord-Süd-Richtung durchquert. Über die Straße gespannte bunte Transparente und Lampions, hüben und drüben Straßenlampen mit Minidrachen und Pagodendächlein, chinesische Schriftzeichen, wohin das Auge blickt, Läden, in denen es von mysteriösen Gewürzen, Porzellanvasen, Seidenkimonos, Jadeschmuck und bunten Flugdrachen bis zu kistenweise Trockenfisch alles gibt, was in eine chinesische Enklave passt. Nicht zu vergessen Restaurants und Garküchen, in deren Schaufenstern goldbraune Pekingenten zum Standard der kulinarischen Lockmittel gehören. Weniger touristisch geht es in den Seitenstraßen und kleinen Alleys zu, vor allem in der Stockton Street, in der Shopping weniger ein touristischer Zeitvertreib, sondern eher alltäglich wiederholte Übung ist.

Chinese Historical Society of America 7 [G3]

In den Ausstellungen des CHSA-Museums geht es um den chinesisch-amerikanischen Beitrag zur Geschichte und Kultur der Stadt.

Durch das Dragon's Gate betritt man die exotische Welt von Chiantown

Wer Glück hat, kann an einem Wochenende eine traditionelle Hochzeitsteezeremonie zu sehen bekommen. (965 Clay St., Tel. 415-391-1188, www.chsa.org; Di–Fr 12–17, Sa–So 10–16 Uhr, 5 $).

Kong Chow Temple 8 [G3]

Der 1857 dem chinesischen Kriegs- und Literaturgott Guan Di geweihte Tempel aus der Mitte des 19. Jhs. wurde vom Erdbeben 1906 zerstört und danach neu aufgebaut. Der auf dem 4. Stockwerk liegende **Gebetsraum** ist berühmt für seine roten, grünen und goldenen Altäre sowie eine Guan-Di-Skulptur auf dem Hauptaltar. Harry Trumans Ehefrau besuchte die Stätte 1948 vor der Wahl des US-Präsidenten, um für ein positives Abstimmungsergebnis zu beten. Die Bitten der späteren First Lady wurden erhört: Ihr Ehemann wurde zum 33. Amtsinhaber gewählt (855 Stockton St., Tel. 415-788-1339; Eintritt frei, Fotografierverbot).

SEITENBLICK

Chinatown im Wandel der Zeit

Der zentral gelegene Stadtteil verdankt seine Existenz dem amerikanischen Eisenbahnbau Mitte des 19. Jahrhunderts. Als die Central Pacific Railroad ihre Pläne für das westliche Teilstück einer transkontinentalen Bahnlinie in die Tat umsetzte, wurden Heerscharen von Arbeitskräften gebraucht. Viele kamen hauptsächlich aus der chinesischen Provinz Guangdong und ließen sich später in San Francisco nieder, obwohl es gegen Ende des Jahrhunderts massive Proteste gegen die chinesische Einwanderung gab, und selbst die US-Regierung mit einem Gesetz die Zuwanderung bremste. 1906 wurde der Stadtteil in der Folge des großen Erdbebens von Großbränden in Schutt und Asche gelegt. Danach begann der Wiederaufbau im Pagodenstil, der Chinatown heute zum exotischen Hingucker macht.

Tin How Temple 9 [G3]

Nach vier steilen Treppen erreicht man auf dem obersten Stockwerk den kleinen Tempel, der der Himmels- und Meeresgöttin Mazu geweiht ist, aber auch der Lobpreisung von mehr als einem Dutzend anderer Gottheiten dient. Trotz Räucherstäbchen, Hunderter dekorativer Papierlaternenund Gebetsbänder, Vasen, Blumen, Skulpturen und vergoldetem Tempelschmuck ist die Stätte keine Touristenattraktion, sondern für viele Einwohner Chinatowns ein spiritueller Ort. Der Blick vom Balkon über die Dächer von Chinatown lohnt sich (125 Waverly Pl., 3. Etage, Tel. 415-391-4841; tgl. 9.30–15.30 Uhr, Spende erbeten, Fotografierverbot im Inneren).

Portsmouth Square 10 [G3]

Im Herzen von Chinatown treffen sich die Einheimischen am frühen Morgen unter freiem Himmel auf diesem auf zwei Ebenen angelegten Platz zu Tai-Chi-Übungen, brüten über Brettspielen oder lassen den quirligen Straßenbetrieb auf sich wirken. Der Platz spielte in der Geschichte der Stadt eine wichtige Rolle und erinnert mit Plaketten und Skulpturen an historische Begebenheiten und Persönlichkeiten wie den Schriftsteller Robert Louis Stevenson, der 1879/80 in San Francisco lebte. Eine Statue ist der Göttin der Demokratie gewidmet. Die Bürger kamen auf dem Platz zu einer Feier zusammen, nachdem der Dampfer »Oregon« am 29. Okt. 1850 mit der Nachricht angekommen war, dass Kalifornien bereits am 9. Sept. zum eigenen Bundesstaat erklärt worden war. Zwei Jahre vorher, am 11. Mai 1848 gab der Geschäftsmann Sam Brannan hier die Entdeckung von Gold auf kalifornischem Boden öffentlich bekannt, was den legendären kalifornischen Goldrausch auslöste.

Müßiggang bei chinesischem Schach am Portsmouth Square

Nur ein paar Schritte entfernt zeigt das im Gebäude des Hilton Hotel eingerichtete **Chinese Culture Centre** Wechselausstellungen zu gesellschaftlichen und kulturellen Themen (750 Kearny St., 3rd Floor, Tel. 415-986-1822, www.cccsf.us; Di–Sa 10–16 Uhr, Eintritt frei).

Golden Gate Fortune Cookie Factory 11 [G3]

Fleißige Hände und klappernde Maschinen stellen in dieser ziemlich anachronistisch wirkenden Hinterhoffabrik seit 1962 täglich bis zu 20 000 Glückskekse her. In erster Linie wollen die Angestellten natürlich die süßen Leckerli verkaufen, möglichst tütenweise. Kunden haben die Qual der Wahl von Traditionell bis Erotisch, was die in den Cookies verbackenen Zettelchen mit Sprüchen, Wünschen und Botschaften betrifft. Früher war Ross Alley, wo sich die Fabrik befindet, für Opiumläden bekannt. In jüngerer Vergangenheit machte die Gasse Karriere als zwielichtiger Drehort für Filme wie »Indiana Jones und der Tempel des Todes«, »Karate Kid II« und »Golden Gate« (56 Ross Alley, Tel. 415-781-3956; tgl. 9–24 Uhr, Eintritt frei., Fotos 50 Cent).

Auf der **Stockton Street** im Abschnitt zwischen Washington to Broadway liegen die meisten typisch chinesischen Geschäfte, in denen die Einheimischen exotische Früchte, getrockneten Fisch kaufen und aus Käfigen lebende Hühner aussuchen. Nirgendwo in Chinatown geht es so authentisch und untouristisch zu wie dort.

Tour 6 Little Italy in North Beach

Verlauf: **Columbus Tower › Jack Kerouac Alley › Beat Museum › Washington Square › Telegraph Hill › Lombard Street › Filbert Street**

Karte: siehe S. 80

Dauer / Länge: 3–4 Std. / 4 km

Praktische Hinweise:

- Weil die Lombard Street so stark frequentiert ist, wird das kurvige Straßenstück im Hochsommer gelegentlich temporär gesperrt – zwecks Entlastung der Anwohner.
- Am besten man lässt das Auto stehen und macht sich zu Fuß auf eine Tour durch den Stadtteil.
- Am Fuß des Coit Tower stehen nur wenige und schnell besetzte Parkplätze zur Verfügung. Wer den steilen Aufstieg zu Fuß scheut, kann von Fishrman's Wharf oder vom Washington Square mit dem MUNI-Bus Nr. 39 auf die Hügelkuppe fahren.

Tour-Start: Columbus Tower 12 [G3]

Wie ein mit Grünspan überzogenes Riesentortenstück ragt dieses städtische Wahrzeichen mit seiner kunstvollen Kupferfassade in den Himmel. Das reizvolle, kurz vor dem großen Erdbeben von 1906 errichtete Gebäude diente schon vielen Herren, u. a. seit 1959 dem musikalischen Kingston Trio, das dort seine Aufnahmestudios betrieb. Anfang der 1970er-Jahre kaufte Filmregisseur Francis Ford Coppola das Anwesen und richtete dort sein zusammen mit George Lucas gegründetes und heute noch dort existierendes Filmstudio American Zoetrope ein. Berühmte Filme wie »Der Pate I und II«, »Apocalypse Now«, »Der Dialog« und »Dracula« erlebten im Columbus Tower ihre Geburtsstunde (916 Kearny St., Ecke Columbus Ave.).

Zwischenstopp: Restaurant

Cafe Zoetrope ❷ €€

Man speist in diesem italienischen Lokal zwischen Original-Fotos und Filmrequisiten von Regisseur Francis F. Coppola

- 916 Kearny St.
  Tel. 415-291-1700
  www.cafezoetrope.com
  Mo–Fr 11.30–22, Sa 12–22,
  So 12–21 Uhr

Jack Kerouac Alley ★ 13 [G3]

Längst ist die schmale Gasse keine Mülldeponie mehr, sondern eine Hommage an den Schriftsteller Jack Kerouac (1922–1969), der mit seinem stark autobiografisch geprägten Roman »Unterwegs« gewissermaßen die Bibel der Beatgeneration verfasste. Er lebte in den 1950er-Jahren kurz in San Francisco bzw. stattete der Stadt mehrere Besuche ab. Auf Betreiben des Verlegers Lawrence Ferlinghetti wandelte die Stadtverwaltung die Passage in einen kurzen **Walk of Fame** zu Ehren des Literaten um. In das Pflaster sind Steinplatten mit eingravierten Zitaten u. a. von Kerouac selbst, John Steinbeck und anderen eingelassen (zwischen Vesuvio Café und City Lights Bookstore).

Die Alley wird von zwei Institutionen flankiert. Das **Vesuvio Café** ist kein Lokal wie jedes andere. Man könnte vor Ehrfurcht erstarren, wenn man sich in Erinnerung ruft, wer hier schon den Tresen »putzte«, von Dylan Thomas angefangen über die Poeten der Beat Generation wie Jack Kerouac und Allen Ginsberg bis zum Songwriter Bob Dylan und Regisseur Francis Ford Coppola. Fotos, Gemälde, Plakate, Lichtergirlanden und Buntglaslampenschirme machen das Lokal zu einem Museum, in dem man im oberen Stockwerk eher kreative Ruhe findet (255 Columbus Ave., Tel. 415-362-3370, www.vesuvio.com; Mo–Fr 8–2, Sa–So 6–2 Uhr).
50 Dinge ⑳ › **S. 14.**

Auf der gegenüberliegenden Seite der Alley könnte man aufgrund der Kommentare über den **City Lights Bookstore** meinen, vor Ort sei das Lesen und Schreiben erfunden worden. Als die Beatgeneration in den 1950er-Jahren in North Beach ihre Gegenkultur entwarf, spielte City Lights mit seinem Gründer, Autor und Verleger Lawrence Ferlinghetti, eine wichtige Rolle. Über die Grenzen der Stadt hinaus wurde er durch ein Gerichtsverfahren bekannt, weil er scheinbar obszöne Gedichte von Allen Ginsberg veröffentlichte. Die Anklage wurde am Ende fallen gelassen. Seit damals hat sich der City Lights Verlag auch der Veröffentlichung von Weltliteratur zugewandt mit Dichtern und Autoren wie

Das Vesuvio Café ist voller Memorabilen der Beatgeneration

Charles Bukowski, William S. Burroughs, Bertolt Brecht und Johann Wolfgang von Goethe (261 Columbus Ave., Tel. 415-362-8193, www.citylights.com; tgl. 10–24 Uhr).

Beat Museum 14 [G3]

Mit Originalmanuskripten, Erstausgaben und persönlichen Memorabilien versteht sich das Museum als eine Hommage an die Schriftsteller, Dichter, Denker und Lebenskünstler der Beatgeneration, die in den 1950er-Jahren den Stadtteil North Beach zum Epizentrum ihrer alternativen Lebensentwürfe macht. Zu den bekanntesten Vertretern gehören Jack Kerouac, Allen Ginsberg und Lawrence Ferlinghetti, die mit ihrem radikalen Lebensstil den späteren Blumenkindern den Boden bereiteten. Ausgestellt ist u.a. ein 1949 Hudson Commodore, der bei einer filmischen Dokumentation über Kerouacs berühmten Roman »Unterwegs« zum Einsatz kam (540 Broadway, Tel. 415-399-9626, www.kerouac.com; tgl. 10 bis 19 Uhr, Erw. 8 $, Senioren und Jugendliche 5 $).

Blickt man nach Sonnenuntergang vom Beat Museum über den **Broadway,** machen Leuchtreklamen und Neonzeichen unmissverständlich klar, dass man sich im kleinen Rotlichtbezirk der Stadt befindet. Nachtklubs, Bars und Partyspots wie Atmosphere (447 Broadway), Roaring 20's (552 Broadway), Bamboo Hut (479 Broadway) oder Sip Bar & Lounge (787 Broadway) reihen sich aneinander und bieten auf relativ engem Raum willkommene Ziele für Nachteulen.

Zwischenstopp: Cafés

Caffe Trieste 3 €€ [G3]

1956 als erstes Espressocafé der Westküste gegründet, zelebriert das Lokal bis heute die Kunst der Kaffeezubereitung.

- 601 Vallejo St., Ecke Grant Ave.
  Tel. 415-982-2605
  http://coffee.caffetrieste.com/nbeach
  So–Do 6.30–22, Fr–Sa bis 23 Uhr

Caffe Roma ❹ [G3]
Der geeignete Platz für einen Snack, ein süßes Stückchen und natürlich einen Kaffee aus der hauseigenen Rösterei.
- 526 Columbus Ave.
  Tel. 415-296-7942
  www.cafferoma.com

Washington Square 15 [G2]

Schon lange ein Hotspot für unterschiedlichste Veranstaltungen, bildet der inmitten von Restaurants, Cafés und Geschäften liegende Park das grüne Herzstück des Stadtteils.

An seiner Nordflanke strecken sich die spitzen neogotischen Türme der römisch-katholischen **Saints Peter & Paul Church** in den Himmel. Vor dem Hauptportal ließen sich nach ihrer Heirat in der City Hall im Jahr 1954 der Leinwandstar Marilyn Monroe (1926–1962) und die im Viertel geborene Baseballlegende Joe DiMaggio (1914–1999) ablichten. Eine kirchliche Trauung war den beiden verwehrt, weil der Sportstar schon einmal verheiratet gewesen war. Der örtlichen Feuerwehr ist ein Denkmal gewidmet, das Lillie Hitchcock Coit (1843 bis 1929) stiftete, eine unangepasste Zeitgenossin, die – für eine Frau damals unzeitgemäß – Hosen trug, Zigarren qualmte und zum Maskottchen der städtischen Feuerwehr geworden war (666 Filbert St.).

Zwischenstopp: Imbiss

Liguria Bakery ❺
Die italienische Traditionsbäckerei gehört zu jenen Geschäften, denen der Stadtteil seinen Beinamen Little Italy verdankt. Noch heute wird hier nach alten Geheimrezepten ausschließlich das ligurische Hefeteig-Fladenbrot *Focaccia* gebacken, das in süßen oder salzigen Variationen angeboten wird: mit Sardellen, Oliven, getrockneten Tomaten, Mortadella oder Rosinen. Das Backwerk ist so beliebt, dass sich lange Schlangen vor dem Laden bilden.
- 1700 Stockton St. | Tel. 415-421-3786
  Di–Fr 8–14, Sa 7–14 Uhr

Telegraph Hill 16 [G2]

Mitte des 19. Jhs. stand auf dem Hügel eine Signaleinrichtung, mit deren hölzernen Armen die Ankunft von Schiffen angekündigt wurde. 1853 installierte man eine elektrische Telegrafenstation, von der sich der Hügelname ableitet. Um die Erhebung ließ die lokale Geschäftswelt 1876 den Pioneer Park anlegen, um einer Bebauung vorzubeugen.

Wer über 400 Holz- und Steinstufen nicht scheut, wählt als Aufstieg auf den Telegraph Hill die **Filbert Street Steps**. Es lohnt sich. Die »Bergtour« führt über die malerische östliche Hügelflanke mit lauschigen Gärten und zum Teil versteckten Häusern auf eine Art und Weise bergan, dass man die Anstrengung gerne vergisst. Mit etwas Glück entdeckt man in den Bäumen wilde Papageien, die an ihrem leuchtend grünen Gefieder und roten Köpfchen zu erkennen sind (zwischen Filbert St., Ecke Sansome St. und Coit Tower).

Der 64 m hohe zylindrische **Coit Tower** ★4 auf dem Telegraph Hill wurde 1933 mit Geldmitteln der exzentrischen Lillie Hitchcock Coit

› S. 90 erbaut. Mit dem Fahrstuhl erreicht man die Spitze des Turms, auf der sich eine Aussichtsplattform mit einem atemberaubenden 360-Grad-Panoramablick auf die Stadt und ihre Umgebung befindet (1 Telegraph Hill Blvd., Tel. 415-249-0995; Nov.–März tgl. 10–17, sonst bis 18 Uhr, Erw. 8 $, Senioren ab 62 J. und Jugendliche 12–17 J. 5 $, Kinder 5–11 J. 2 $).

Vor dem Turm steht eine von der italienischen Gemeinde in North Beach gestiftete **Kolumbusstatue** zu Ehren von Amerikas »Entdecker«.

Lombard Street 17 ★5 [G2]

Wenn eine Straße in San Francisco Kultcharakter hat, dann die Lombard Street. Zumindest gilt das für den kurzen Abschnitt zwischen der Hyde Street auf dem Russian Hill und der Leavenworth Street 150 m und acht enge Haarnadelkurven bergab. Nicht nur die haarsträubende Straßenführung zwischen begrünten Beeten hindurch zeigt sich extrem, sondern auch das Gefälle von 27 Prozent, das einer Autofahrt einen gewissen Abenteuercharakter verleiht.

Vom oberen Ende hat man über die auf der Hyde Street verlaufenden Gleise der Cable Car hinweg einen tollen Blick auf die Bucht und Alcatraz Island.

Filbert Street 18 [G2]

Während die Lombard Street den Ruhm als »verbogenste« Straße der Stadt einheimst, schnappt ihr eine benachbarte Straße die Reputation als steilste Straße in der Innenstadt weg. Der Abschnitt der Filbert Street zwischen Hyde und Leavenworth Street kommt rekordverdächtig mit einem Gefälle von sage und schreibe 31,5 Grad daher. Auf der Fahrt bergab kommt man sich vor, als rutsche man über ein Hausdach. **50 Dinge** (31) › S. 15.

Auf der Lombard Street kurvt man mit tollem Blick über Serpentinen steil hinab

Tour 7 Fisherman's Wharf und Marina

Verlauf: Pier 33 (› Alcatraz Island) › Pier 39 › Pier 41 › Pier 45 › San Francisco Maritime National Historical Park › Fort Mason › Wave Organ › Palace of Fine Arts Theatre

Karte: siehe S. 80
Dauer / Länge: 4–5 Std. / 6 km (1 Tag mit Ausflug nach Alcatraz)
Praktische Hinweise:

- Nach Fisherman's Wharf fahren Cabel Cars der Powell-Hyde-Linie, die am Westende nahe des Ghirardelli Square endet; Endhaltestelle der Powell-Mason-Linie befindet sich an der Ecke Taylor & Bay St.
- An Fisherman's Wharf und Marina kann man wegen der kühlen Brise am Abend selbst im Hochsommer eine Jacke vertragen.
- Marina ist besonders am Wochenende ein »Nightlife Hot Spot«.

Tour-Start: Pier 33 19 [G2]

Tourbeginn ist am Pier 33, wo die Ausflugsschiffe nach **Alcatraz Island** 6 ablegen. Die in der Bucht liegende ehemalige Gefangeneninsel Alcatraz zählt zu den populärsten Besichtigungszielen in der Bucht von San Francisco. 1934–1963 saßen auf dem felsigen Island Amerikas schwerste Jungs hinter Schloss und Riegel, eingekerkert unter teils brutalen Umständen und von der Außenwelt von kaltem Wasser und gefährlichen Strömungen abgeschnitten, was eine Flucht so gut wie unmöglich machte. Heute flanieren Besuchermassen durch die vom National Park Service verwalteten Zellentrakte, die von ihrer Schrecken einflößenden Ausstrahlung nichts verloren haben. **50 Dinge** (5) › **S. 12. 50 Dinge** (39) › **S. 16.**

Auf die Insel kommt man mit Alcatraz Cruises (Pier 33, Alcatraz Landing, Tel. 415-981-7625, www.alcatrazcruises.com; Jugendl. und Erw. 12–61 J. 37 $, Sen. 35 $, Kinder 5–11 J. 23 $, ganzjährig geöffnet, Ticketreservierung möglichst Wochen im Voraus).

Pier 39 20 [G2]

Mit Dutzenden Geschäften, Restaurants, Imbisslokalen, Souvenirshops und einem historischen Karussell hat es der Pier in den vier Jahrzehnten seit seinem Bau zu einem echten Rummelplatz für Besucher aus allen Teilen der Welt gebracht. Aus den Planken alter, abgerissener Piers errichtet, bietet die Attraktion nur oberflächlich das Flair des Gestrigen, weil natürlich längst der Kommerz dominiert. Auf einer kleinen Bühne treten häufig Straßenkünstler auf (Beach St./Embarcadero, Tel. 415-981-PIER, www.pier39.com; tgl. 10–21 Uhr, Restaurants länger).

Seelöwen waren auf den Seal Rocks nördlich vom Ocean Beach früher ein gewohntes Bild. Im Winter 1989/90 zogen sie plötzlich in die Innenstadt auf schwimmende Pontons am Pier 39 (K Dock) um und führen dort seither als stadtnahe tierische Attraktion ein Promi-

Souvenirshops und Seelöwen warten am Pier 39 von Fisherman's Wharf auf Besucher

Dasein. Nur einen Steinwurf von neugierigen Zuschauern entfernt, raufen bis zu 1000 Kolosse um Liegeplätze oder lassen sich die Sonne auf den Pelz brennen. Schon zweimal verschwanden die Tiere und gingen auf Wanderschaft, kehrten aber nach kurzer Zeit wieder nach Fisherman's Wharf zurück.

Über die Meeressäuger informiert das **Sea Lion Center** (Building J, Level 2, www.sealioncenter.org; tgl. 10–17 Uhr, ! Eintritt frei).

Wie es in der Bucht von San Francisco unter der Wasseroberfläche aussieht, zeigt das **Aquarium of the Bay** mit mehr als 20 000 Meeresbewohnern von Stachelrochen, 50 unterschiedlichen Haiarten, Stören, Sardellen, Fledermausrochen, Kraken, Drachenköpfen bis zu Seesternen. Jeden Tag finden spezielle Veranstaltungen wie Haifütterungen durch Taucher oder Shows mit putzigen Flussottern statt (Beach St. & Embarcadero, Building R, Tel. 415-623-5300, www.aquariumofthebay.org; im Sommer tgl. 9–20, im Winter 10–18 Uhr, Erw. 24,95 $, Senioren ab 65 J. und Kinder 4–12 J. 14,95 $).

Info

Ausflugs- und Fährschiffe mehrerer Unternehmen legen von Pier 39 bis Pier 45 zu zahlreichen Zielen in der Bucht ab, wie etwa nach Sausalito, Tiburon, Angel Island, Vallejo und an die East Bay; Rundfahrten fühern um Alcatraz Island sowie unter die Golden-Gate- und die Oakland-Bay-Brücke.

- Blue & Gold Fleet: Fährbetrieb und großes Cruise-Programm in der Bucht (Pier 39, www.blueandgoldfleet.com),
- Red & White Fleet: Golden-Gate-, Zwei-Brücken- und Sonnenuntergangsfahrten (Pier 43 ½, Tel. 415-673-2900, www.redandwhite.com).
- Adventure Cat Sailing Charters: Segeltörns in der Bay, auch nach Alcatraz (Pier 39, Tel. 1-800-498-4228, www.adventurecat.com).

! Erstklassig

Gratis entdecken

- Die **Seelöwenkolonie am Pier 39,** eine der Hauptattraktionen von Fisherman's Wharf, kann kostenlos besichtigt werden – inklusive dem Sea Lion Center › **S. 93.**
- Für den **Presidio Park** › **S. 105** mit seinen Wanderwegen, Stränden und weiteren Attraktionen wird kein Eintritt verlangt.
- Den **Maritime National Historical Park** › **S. 95** kann man gratis entdecken, auch das **Museum** › **S. 96.** Nur für die Besichtigung der Schiffe muss man bezahlen.
- Der Eintritt zu zahlreichen Museen der Stadt ist gratis, darunter das **Cable Car Museum** › **S. 82** oder das **Musée Mécanique** › **S. 95.** Bei anderen Museen ist an bestimmten Tagen der Eintritt frei (Übersicht zu Gratis-Museen unter www.freemuseumday.org).
- Kostenloses Freiluftkino gibt es von Juni bis September im Rahmen der **Film Night in the Park** am Union Square, Washington Square und Dolores Park (www.sfntf.squarespace.com/filmnight).
- Zu San Franciscos großen Gratis-Musikevents zählen das **North Beach Festival** › **S. 57** und das **Fillmore Jazz Festival** (Anf. Juli, www.fillmorejazzfestival.com)
- Im berühmten Musikgeschäft **Amoeba Music** › **S. 41** präsentieren sich Bands und Interpreten verschiedenster Richtungen an bestimmten Tagen zu Sessions.

Zwischenstopp: Restaurants

Crab House 6 €€€ [G2]

Der Klassiker des Lokals sind Kalifornische Taschenkrebse in Knoblauchsoße. Das hoch geschätzte Fleisch der Schalentiere wird in nautischem Ambiente auch in gebundenen Suppen, Salaten und Sandwiches serviert.

- 203 Pier 39 | Tel. 415-434-2722
  www.crabhouse39.com
  tgl. 11.30–23 Uhr, Reservierung empfehlenswert

Scoma's Restaurant 7 €€€ [G2]

Taschenkrebse, Muscheln, Austern, Garnelen, Tintenfisch und mehrere Fischsorten: In diesem Lokal wird (fast) alles geboten, was das Meer vor der Haustür hergibt. Die Küche legt größten Wert auf frische Zutaten.

- 1965 Al Scoma Way
  Tel. 415-771-4383 | www.scomas.com
  So–Do 11.30–21.30, Fr–Sa bis 22 Uhr

Pier 45 21 [F2]

Am Anfang von Pier 45 trifft man auf zwei Attraktionen aus unterschiedlichen Sparten: Die **Boudin Bakery** entstand bereits zur Goldgräberzeit durch einen französischen Einwanderer. Heute betreibt das Unternehmen mehrere Filialen und bei Fisherman's Wharf eine Schaubäckerei mit angeschlossenem Museum. Durch ein 10 m breites Panoramafenster können Besucher den Beschäftigten bei ihrer täglichen Arbeit auf die Finger schauen. Die schmackhaften Resultate kann man im schönen Bistro kosten (160 Jefferson St., Tel. 415-913-1849, www.boudinbakery.com/at-the-wharf; tgl. 11.30–21 Uhr,

3 $). Und im **Musée Mécanique** sind Hunderte zum Teil witzige Spielautomaten aus längst vergangenen Tagen in einer Halle versammelt und laden dazu ein, die eine oder andere Münze zu opfern. Wahrsagerinnen aus buntem Blech, Glücksspielgeräte, Münzpianos, Einarmige Banditen, Spieluhren, bewegliche Orchester und Automaten zum Armdrücken sorgen für einen unterhaltsamen Besuch (Pier 45, Tel. 415-346-2000, www.museemecaniquesf.com; tgl. 10–20 Uhr, **!** Eintritt frei, die meisten Spiele kosten 25 od. 50 Cent). **50 Dinge ④ › S. 12.**

Die anderen beiden Attraktionen liegen am Pier 45 vor Anker: Die Kriegsbeute des U-Boots **USS Pampanito** bestand während des Zweiten Weltkriegs nach sechs Pazifikfahrten aus sechs versenkten und mehreren beschädigten japanischen Schiffen der kaiserlichen Flotte. Auf dem Erkundungsgang durch die engen Korridore und Räumlichkeiten bekommt man u.a. den Torpedoraum, die Messe, den Maschinenraum und die Kombüse zu sehen (Tel. 415-775-1943, www.maritime.org/pamphome.htm; tgl. 9–17 Uhr, Erw. 20 $, Senioren ab 62 J. 12 $, Kinder 6–12 J. 10 $).

Ein weiteres Relikt aus dem Zweiten Weltkrieg ankert in der Nähe. Die **SS Jeremiah O'Brien** zählt zu den letzten beiden von einst über 2700 sogenannten Liberty-Frachtern. Dabei handelte es sich um einfach konstruierte Stückgutschiffe, die in relativ kurzer Zeit in großer Zahl produziert werden konnten. Die letzte große Fahrt absolvierte das Schiff 1994 anlässlich des 50. Jahrestags der Landung der Alliierten in der Normandie, an der die Jeremiah O'Brien 50 Jahre zuvor beteiligt gewesen war (Pier 45, Tel. 415-544-0100, www.ssjeremiahobrien.org; tgl. 9–16 Uhr, 20 $).

Verlockende Brotspezialitäten bei Boudin

Maritime National Historical Park 22 ★ [F2]

Am Hyde Street Pier erzählt San Francisco mit sechs historischen Schiffen seine maritime Geschichte (499 Jefferson St.; tgl. 9.30–17 Uhr, Pier, **!** Eintritt frei, Besichtigung der Oldtimerschiffe 10 $): Der 1890 vom Stapel gelaufene Raddampfer **Eureka** diente ursprünglich als Eisenbahnfähre und wurde 1922 in eine Passagier- und Autofähre umgebaut. Eine richtige Schönheit mit kirschrotem Schornstein und Steuerhaus ist der bullige Schlepper **Hercules**, dessen Aufgabe seit 1907 darin bestand, Segler, havarierte Schiffe, Barkassen, Lastkähne und Holzflöße zu bewegen. Der 1895 in North Carolina gebaute Dreimaster **C.D. Thayer** wurde hauptsächlich für

Holztransporte eingesetzt, während der Dreimaster **Alma** 1891 so gebaut worden war, dass er in flachen Gewässern wie der San Francisco Bay als Frachter eingesetzt werden konnte. 1914 in England fertiggestellt, diente der Schaufelraddampfer **Eppleton Hall** als Schlepper. Prunkstück unter den Museumsschiffen ist der 90 m lange Dreimaster **Balclutha,** der Frachtladungen über fast alle Weltmeere transportierte. 17-mal umrundete er dabei das gefährliche Kap Hoorn an der Südspitze von Südamerika.

Zum Park gehört auch das **Maritime Museum.** 1939 im damals modernen Art-déco-Stil erbaut, ähnelt das ehemalige Badehaus mit seinem Grundriss und seinen Aufbauten einem gestrandeten Ozeandampfer. Im heutigen Museum sind Wechselausstellungen zu sehen, die sich alle mit maritimen Themen beschäftigen (900 Beach St., Tel. 415-561-7100, www.nps.gov/safr/learn; tgl. 10–16 Uhr, ! Eintritt frei).

Fort Mason 23 [F2]

Zwischen Fischerman's Wharf und dem Stadtteil Marina gelegen, diente der fast 50 Gebäude umfassende Komplex über 100 Jahre lang als Standort der US-Army und im Zweiten Weltkrieg als Frachthafen für Kriegsmaterial. Mittlerweile wird die Anlage als Teil der Golden Gate National Recreation Area vom Nationalparkservice verwalteten und beherbergt diverse gemeinnützige und kulturelle Einrichtungen.

Das gilt vor allem für das **Fort Mason Center for Arts & Culture,** einen Hotspot für Theateraufführungen, Messen und Ausstellungen (2 Marina Blvd., Tel. 415-345-7500, www.fortmason.org; tgl. 9–20 Uhr).

Zwischenstopp: Imbiss

Off the Grid at Fort Mason 8 [F2]

Das größte Foodtruck-Treffen in Kalifornien mit ca. drei Dutzend Anbietern auf Rädern dient nicht nur der Verpflegung mit nationalen wie internationalen Spezialitäten, sondern ist auch ein fetziger,

Fort Mason wurde erfolgreich von einer Kaserne zu einer Kultureinrichtung umgewandelt

unterhaltsamer Event mit musikalischem Rahmenprogramm.

- Parkplatz am Fort Mason Center Marina | März–Okt. Fr 17–22 Uhr

Wave Organ 24 [E2]

Wo eine schmale Mole den kleinen Hafen im Marina District schützt, hat an der äußersten Spitze ein seltsames Instrument seinen festen Platz: eine aus Fels, Beton und PVC 1986 erbaute Wellenorgel, die Teil des Wissenschaftsmuseum Exploratorium › **S. 68** ist. Die 25 Pfeifen sind unterschiedlich hoch angeordnet, sodass sie sowohl bei Ebbe als auch bei Flut vom Wasser umspült werden, das durch seine Bewegung die Orgelmusik kreiert. Am besten hört man die gurgelnden Töne bei hohem Tidenstand (1 Yacht Rd., Marina, www.exploratorium.edu/visit/wave-organ).

Palace of Fine Arts Theatre 25 [E2]

Ziemlich viel Aufwand wurde betrieben, um das dekorative Gebäude in die heutige Zeit hinüberzuretten. Ursprünglich für die Panama-Pacific International Exposition von 1915 aus nicht sehr beständigem Holz und Gips errichtet, zeigte der Palast mit seinen antik wirkenden Architekturelementen und vielen schmückenden Skulpturen nach Jahrzehnten deutliche Zeichen des Zerfalls. In Zusammenarbeit mit der Stadt beschloss eine Bürgerinitiative, den Komplex von Grund auf zu renovieren. Geld und Mühe lohnten sich. Heute gehört das imposante, an einem idyllischen Teich gelegene Gebäude zu den beliebtesten Fotospots in der Stadt. Es wird für Theateraufführungen, Konzerte und Shows genutzt (3301 Lyon St., Tel. 415-563-6504, www.palaceoffinearts.org).

Marina – Chestnut Street 26 [E3]

Der Stadtteil Marina wurde durch das Loma-Prieta-Erdbeben 1989 schwer in Mitleidenschaft gezogen. Wiederaufgebaut, entwickelte sich die Gegend in der Folge zu einem schicken Einkaufs- und Ausgehviertel, wobei die Neigborhood zwischen Chestnut Street und Lombard Street im Mittelpunkt steht. Wer Cocktailbars und Bierkneipen im Auge hat, ist im sogenannten »Bermudadreieck« (Kreuzung von Fillmore & Greenwich St.), in dem schon so mancher seinen Untergang erlebte, am besten aufgehoben.

Zwischenstopp: Café

Coffee Roastery 9 €€ [E3]

Tolle Auswahl an Kaffeebohnen internationaler Herkunft für Feinschmecker. Im Café kann man die Köstlichkeiten aus der Hausrösterei auch probieren.

- 2331 Chestnut St. | Tel. 415-931-5282 So–Do 6.30–22.30, Fr–Sa bis 24 Uhr

Shopping

Retail Therapy [E3]

Niederlassung einer Onlinefirma für modische Kleider, Tops, Handtaschen und hübsche Accessoires, alles 35 bis 50 % reduziert. Neuware jeweils am Mi, besonders günstige Angebote am Fr.

- 2086 Chestnut St. | Tel. 415-373-0420 www.needretailtherapy.com

SAN FRANCISCOS WESTEN

Kleine Inspiration

- **Eine magische Nebeldusche genießen** mitten auf der Golden-Gate-Brücke › S. 100
- **Eine Bootsfahrt auf dem Stow Lake** im Golden Gate Park unternehmen › S. 110
- **Am Baker Beach** die Wassertemperatur testen › S. 105
- **Ein Kult-Selfie schießen** an der Straßenkreuzung Haight & Ashbury Street im Hippie-Stadtteil Haight-Ashbury › S. 115

Karte
S. 102

San Franciscos westliches Stadtgebiet reicht von Pacific Heights und der Golden Gate Bridge bis zum Golden Gate Park und Haight-Ashbury. Wer mehr Grün und weniger Großstadthektik sucht, ist hier genau richtig.

San Francisco hat Vorteile gleich massenhaft. Einer ist, dass man der Großstadthektik den Rücken kehren kann, ohne die Metropole überhaupt zu verlassen. Beispiel Nr. 1: Die weltberühmte Golden Gate Bridge liegt am Rand des Presidio National Park, der in den letzten 20 Jahren von einem Militärgelände in eine berückende Freizeitoase verwandelt wurde, Wanderwege, Wälder, Steilküsten und Strände inklusive. Beispiel Nr. 2: Im Westen der USA gibt es keinen Stadtpark mit einem ähnlich verführerischen Namen wie den Golden Gate Park. Diese Reputation verdankt das 5 km lange und 800 m breite grüne Rechteck nicht nur seinen Seen, Gärten, Wiesen und Wäldern, sondern auch Kultureinrichtungen, die dem grünen Paradies Kultstatus verleihen. Dazu trägt auch die Geschichte des Parks bei. Er wurde zusammen mit dem benachbarten Stadtteil Haight-Ashbury in den 1960ern zur Wiege des legendären Summer of Love der Blumenkinder. Wer sich für die Reminiszenzen der Hippieära und dafür interessiert, was von den damaligen Entwürfen und Visionen der langhaarigen Batikklamottenträger übriggeblieben ist, stromert am besten durch die viktorianischen Straßenzüge, die nicht nur psychedelisch eingefärbte Architekturfreunde begeistern.

Etablierter geht es in den herausgeputzten Straßenzügen von Pacific Heights zu, wo die konservative Lebensart sogar im Straßenbild zum Ausdruck kommt.

Oben: In der Haight Street findet man zumindest noch Läden mit Hippieflair

Links: Der Japanese Tea Garden im Golden Gate Park ist ein fernöstliches Idyll

Touren in San Franciscos Westen

Tour 8 Vom Golden Gate zum Lincoln Park

Verlauf: **Golden Gate Bridge › Fort Point › Presidio National Park › Crissy Field › Walt Disney Family Museum › Baker Beach › Lincoln Park › Legion of Honor Museum › Cliff House**

Karte: siehe S. 102
Dauer/Länge: 5–6 Std./ca. 18 km
Praktische Hinweise:

- Die Brückenmaut in Höhe von 7,50 $ (Pkw) wird auf der Golden Gate Bridge nur stadteinwärts erhoben – und zwar elektronisch. Mietwagenfahrer sollten das Prozedere mit der Vermietfirma vorab klären (www.goldengate.org/tolls). Für Fußgänger und Radfahrer ist die Brückenbenutzung kostenlos.
- Der Weg über die gesamte Brücke ist hin und zurück ca. 5,5 km lang.
- Am Südende der Golden-Gate-Brücke gibt es ein Welcome Center › S. 101 für alle Fragen.
- Online-Infos zur Golden Gate Recreation Area unter www.nps.gov/goga, zur Golden Gate Bridge unter www.goldengatebridge.org.
- PresidiGo ist ein täglicher, an Wochenenden kostenloser Shuttlebus-Service von Downtown zum Presidio und auf unterschiedlichen Routen durch den Park (www.presidiobus.com).

Tour-Start: Golden Gate Bridge 1 ★7 [C2]

Gegner fuhren schwere Geschütze auf. Ein Brückenbau würde das Goldene Tor für immer verschandeln. Und heute? Längst ist das orangerote Stahlgeflecht der Golden Gate Bridge über die Meerenge zwischen Pazifik und Bucht von San Francisco ein weltweit bekanntes Wahrzeichen der Stadt, das dem Pariser Eiffelturm und dem Londoner Big Ben durchaus ebenbürtig ist. Ob man die Brücke zu Fuß, per Rad oder mit dem Auto überquert: Die 1966 m Spannweite in ca. 65 m Höhe sind eine atemberaubende Erfahrung. **50 Dinge** (29) › **S. 15.**

Seine Einweihung erlebte das spektakuläre Bauwerk im Jahr 1937, obwohl erste Pläne für eine Verbindung zwischen der San-Francisco-Halbinsel und dem südlichsten Zipfel des Marin County schon 60 Jahre früher geschmiedet wurden. Aus gutem Grund. Vor dem Bau der Golden Gate Bridge und der Oakland Bay Bridge im selben Jahr waren Schiffe und Fähren die einzigen Verkehrsverbindungen von der Stadt nach Norden und Osten. Als Chefingenieur Joseph B. Strauss die ersten Entwürfe vorlegte, waren viele Kritiker immer noch der Überzeugung, dass es sich um ein technisch gar nicht machbares Projekt handelte. Auch über den Anstrich der Brücke gab es kontroverse Diskussionen, bis man sich schließlich zu einer »International Orange« bezeichneten Farbe durchrang, deren heller Ton von der Schifffahrt im häufigen Nebel am besten zu erkennen war.

Über die Brücke führt der Highway 101, dessen Fahrspur-Freigabe jeweils dem in die Stadt hinein- oder aus der Stadt herausfließenden Verkehr angepasst wird. Die Benutzung des östlichen, also der Stadt zugewandten Geh- und Fahrwegs, ist Fußgängern und wochentags vor 15.30 Uhr auch Radfahrern vorbehalten. Der Radweg auf der Westseite der Brücke darf täglich nach 15.30 Uhr von Pedalrittern befahren werden. **50 Dinge** ⑦ › **S. 12.**

Info

Golden Gate Bridge Welcome Center
Touristeninformation, Ausstellungen und Souvenirladen; an der Auffahrt zur Golden Gate Bridge, südlicher Parkplatz.
50 Dinge ㉟ › **S. 16.**

- Bridge Plaza | Tel. 415-426-5220
  www.goldengatebridge.org/visitors
  Tgl. 9–18 Uhr

Fort Point 2 [C2]

Kanonen, Uniformen, Pulvermagazin, Küche und Soldatenbaracken erinnern im 1861 erbauten Fort an den amerikanischen Bürgerkrieg, als die Befestigung das Goldene Tor und die Bucht schützen sollte. Tatsächlich wurde der 70 km lange und bis zu 20 km breite Naturhafen nie militärisch bedroht, die 126 Kanonen des Forts gaben nie einen ernsten Schuss ab und wurden Ende des 19. Jhs. verschrottet. Heute kann Fort Point als **National Historic Site** besichtigt werden, inklusive Ausstellungen zur Geschichte und den Bau der Golden Gate Bridge (Long Ave. & Marine Dr., Tel. 415-556-1693, www.nps.gov/fopo; Fr–So 10–17 Uhr, Eintritt frei).

Postkartenblick mit Fort Point, Golden Gate Bridge und den Marin Headlands dahinter

Touren in San Franciscos Westen

Tour 8

Vom Golden Gate zum Lincoln Park

1 Golden Gate Bridge
2 Fort Point
3 Presidio National Park
4 Crissy Field
5 Walt Disney Family Museum
6 Baker Beach
7 Lincoln Park
8 Legion of Honor Museum
9 Land's End
10 Sutro Baths & Cliff House

Tour 9

Im Golden Gate Park

11 Dutch Windmill
12 North Lake
13 Spreckels Lake
14 Marx Meadow
15 Stow Lake
16 Japanese Tea Garden
17 De Young Museum
18 California Academy of Sciences
19 Shakespeare Garden
20 Botanical Garden
21 Conservatory of Flowers

8
0,5 Meilen
0,5 Kilometer
Golden Gate National Recreation Area
Golden Gate Bridge
Toll Plaza
Marine Dr.
Lagoon
Palace of Fine Arts
Letterman Army Institute of Research
Letterman Army Medical Center
Doyle Drive
Old Mason Street
Parade Ground
World War II Memorial
San Francisco National Military Cemetery
Presidio
Presidio National Park
(U.S. Military Reserve)
Presidio Golf Course
General Douglas McArthur Tunnel
Julius Kahn Playground
Presidio Heights Playground
U.S. Public Health Service Hospital
Mountain Lake
Mountain Lake Park
Temple Emanu-El
Madison School
Childrens Hospital
Richmond Playground
California Street
Laurel Hill Playground
Park Presidio Boulevard
Geary Boulevard
Columbarium
Argonne Playground
Arguello Park
French Hospital
Angelo Rossi Plgd.
San Francisco College For Women
St. Ignatius
Stanyan Street
Fulton Street
Horseshoe Pits
St. Mary's Hospital
Redwood Memorial Grove
Heros Grove
Rose Garden
Rainbow Falls
Pioneer Mother
Temple of Music
Natural History Museum
Dahlias
Fuchais
Camelias
McLaren Lodge (Park Headquarters)
Panhandle
Strawberry Hill
Huntington Falls
Chinese Pavilion
Steinhart Aquarium
Strybing Arboretum
Sharon Meadow
Children's Plgd.
Kezar Pavilion
Kezar Stadium
John Muir Nature Trail
Redwood Nature Trail
County Fair Building
Lincoln Way
Kezar Drive
Frederick Street
Carl & Cole
Cross Over Drive

Die palmenbestandene ehemalige Küstenwachtstation von Crissy Field

Spektakulärer als das Fort selbst ist seine Lage unter dem südlichen Ende der Golden Gate Bridge, einem häufig sturmumtosten Winkel, an dem die Böen Wellenberge unter der Brücke hindurch in die Bucht treiben – ein tolles Fotomotiv. **50 Dinge** (34) › **S. 16.** So ist es auch kein Wunder, dass die dramatische Stelle Filmgeschichte machte: Im Hitchcock-Thriller »Vertigo – Aus dem Reich der Toten« (1958) rettet James Stewart seine Filmpartnerin Kim Novak vor ihrem Selbstmord aus dem eiskalten Wasser.

Presidio National Park

3 ★8 [D3]

Der knapp 6 km² große Park an der nordwestlichen Spitze der San-Francisco-Halbinsel ist ein Glücksfall für die Großstadt. 218 Jahre lang herrschte dort eiserne Disziplin, erst unter den Spaniern, dann während der mexikanischen Ära, dann unter US-Verwaltung – Bootcamp-Atmosphäre mit Kasernen, Offizierskasinos, Exerzierplätzen und Waffendrill. Als das US-Militär 1994 den Standort aufgab, waren Naturschützer und Nationalparkverwaltung schnell zur Stelle und machten sich daran, das hügelige und zu weiten Teilen naturbelassene Gelände innerhalb der Stadt in ein Naherholungsgebiet umzuwandeln. Statt Kasernendrill ist jetzt Outdoor-Spaß die Devise. Ein noch näher gelegenes Areal für Entschleunigung und Entspannung vom stressigen Citylife hätte sich die Stadtbevölkerung kaum wünschen können. Die allermeisten der über 800 im Park stehenden Gebäude sind vermietet bzw. stehen gewerblichen und gemeinnützigen Unternehmen zur Verfügung.

Mehrere schöne Wanderwege zwischen gut 1 km und knapp 15 km führen kreuz und quer durch den Park, Informationen und Pläne dazu hält das **William Penn Mott Jr. Presidio Visitor Center** bereit bzw. können online heruntergeladen werden (210 Lincoln Blvd., Tel. 415-561-4323, www.nps.gov/prsf; Visitor Center tgl. 10–17 Uhr, Park tgl. rund um die Uhr, ! Eintritt frei).

Crissy Field 4 [D2]

Das im Nordosten des Presidio gelegene Naherholungsgebiet war früher ein Siedlungsplatz der Ohlone-Indianer und später Flugfeld der US-Armee. Heute ist es nach umfangreicher Renaturierung mit der Aufzucht von über 100 000 Pflanzen Dutzender Arten ein direkt an der Bucht gelegenes Outdoor-Paradies mit Sandstrand, Picknickplätzen, Rad- und Wanderwegen.

Auf Höhe des **Crissy Field Center** dient das Marschland vielen Vogelarten als ständige Heimat oder Zugvögeln als Zwischenstopp (www.presidio.gov/places/Crissy-Field).

Zwischenstopp: Cafés

Warming Hut 1 [C2]

Der aus Holz gebaute ehemalige Lagerschuppen am Westende von Crissy Field dient als Café mit Informationszentrum und Buchladen. Bei Suppen, vegetarischem Chili, Hot Dogs und Tee, Cappuccino oder Caffè Latte kann man sich auf den nächsten Bilderbuchblick auf die Golden Gate Bridge vorbereiten.

- 983 Marine Dr. | Crissy Field
  415-561-3040 | Tgl. 9–17 Uhr

Beach Hut Café 2 € [D2]

Im Café beim Crissy Field Center holt man sich Kaffee, Tee oder kleinere Speisen an der Selbstbedienungstheke und kann sich auch ins Freie setzen, sofern das Wetter mitmacht.

- 1199 East Beach | Crissy Field
  Tel. 415-561-4323
  Wechselnde Öffnungszeiten

Walt Disney Family Museum 5 [D3]

Neben George Lucas mit seinem Filmhauptquartier Letterman Digital and New Media Arts Center › **S. 19** ist im Presidio mit Wald Disney ein zweites Filmgenie vertreten. Seine älteste Tochter Diane gründete 2009 das Walt Disney Family Museum, um der Öffentlichkeit die kreative Laufbahn ihres Vaters als Zeichner und Trickfilmer bis zu dessen Tod 1966 vor Augen zu führen. Kinder sind von den informativen Exponaten eher überfordert. Zum Museum gehört ein Café (104 Montgomery St., Tel. 415-345-6800, waltdisney.org; tgl. 10–18 Uhr, Erw. 25 $, Senioren ab 65 J. 20 $, Kinder 6–17 J. 15 $). **50 Dinge** (26) › **S. 15**.

Zwischenstopp: Café

Presidio Palms Café 3 €–€€ [D3]

Das freundliche Selbstbedienungslokal im ehemaligen Army-Hauptquartier ist bei Beschäftigten der umliegenden Büros genauso beliebt wie bei Parkbesuchern. Auf den Tisch kommen Suppen, Salate, Sandwiches und Kleingebäck.

- 39 Mesa St. | Tel. 415-441-1360
  www.presidiopalmscafe.com
  Nur Mo–Fr 8–16 Uhr

Baker Beach ★ 6 [B3]

Unterhalb der zerklüfteten Steilküste im Westen des Presidio zieht sich auf einer Länge von 1,5 km einer der schönsten Strände der Stadt entlang. Das kalte Wasser ist zum Schwimmen wenig geeignet, sodass sich die meisten Strandgäste mit Sonnenbaden zufriedengeben. Für die getrübte Badefreude entschädigt der spektakuläre Blick über die von schaumigen Brechern umspülten Felsen hinweg auf die entfernte Golden Gate Bridge – wahrhaft ein Panorama wie aus der Trickkiste. **50 Dinge** ㉓ › S. 14.

Picknickstellen und Toiletten befinden sich am östlichen Ende des Parkplatzes. Der nördlichste Abschnitt des Strandes wird von FKK-Anhängern genutzt. Oberhalb vom Baker Beach befinden sich noch alte Baracken, bröckelnde Geschützwälle, kaum identifizierbare Betonfundamente. Konsequent aufgeräumt haben die Militärs bei ihrem Abzug aus dem Presidio-Gebiet nicht.

Die **Battery Chamberlin** wurde 1904 zur Sicherung der Pazifikküste gebaut und bestand aus 50 Tonnen schweren Kanonen. Eines dieser patinagrünen Ungetüme hat die »Winds of Change« überlebt und zielt heute als Touristenattraktion auf vorbeifahrende Containerschiffe. Damals handelte es sich bei dem Riesengeschütz um eine technische Innovation, weil es auf einer versenkbaren Basis steht. Parkranger demonstrieren den Betrieb (ohne Kanonendonner!) an jedem ersten Wochenende im Monat zwischen 11 und 15 Uhr (www.presidio.gov/places/battery-chamberlin).

Lincoln Park 7 [A4]

Der nach US-Präsident Abraham Lincoln (1861–1865) benannte Park zieht sich an einem dramatischen Streifen der steilen Pazifikküste entlang. Von vielen Stellen zeigt sich die Golden Gate Bridge von ihrer Sahneseite, hauptsächlich gegen Abend, wenn die untergehende Sonne die letzten Spotlights auf die Brücke wirft. Bis ins erste Jahrzehnt des 20. Jhs. lag auf der heutigen Parkfläche ein Potter's Field genannter Friedhof, auf dem mittellose oder Menschen mit unbekannte Identität bestattet wurden (34th Ave. & Clement St.; tgl. 5–24 Uhr).

Baker Beach lädt zum ausgiebigen Strandwandern ein

Legion of Honor Museum 8 [A4]

Seit der Gründung 1924 durch Alma de Bretteville Spreckels zeigt das Kunstmuseum neben europäischer Malerei und Skulpturen auch dekorative Kunst. Zu den wichtigsten Exponaten gehören mehrere Werke des französischen Bildhauers Auguste Rodin (Lincoln Park, 100 34th Ave., Tel. 415-7503-600, http://legionofhonor.famsf.org; Di–So 9.30–17.15 Uhr, Erw. 15 $, Senioren ab 65 J. 10 $, Kinder unter 18 J. und 1. Di im Monat Eintritt frei).

Gegenüber dem Museum schuf der Skulpteur George Segal ein berührendes **Holocaustmahnmal** mit einer Reihe von weiß angemalten Bronzefiguren.

Da staunt man: Rodins »Denker« im Palace of the Legion of Honor

Land's End 9 [A4]

San Franciscos westlichster Landvorsprung hat Kultcharakter, was der Name Land's End unterstreicht. Über die Zackenkämme schwarzer Felsinselchen und die schaumige Brandung hinweg reicht der Blick auf die fast unendliche Weite des Pazifiks. Der **Coastal Trail**, der streckenweise auf den Gleisen einer ehemaligen, zum Cliff House führenden Eisenbahn an dieser windgebürsteten Küste entlangmäandert, zählt zu den schönsten Wanderpfaden im Westen der Stadt.

Am **Eagles Point** schuf Eduardo Aguilera erstmals 2004 ein mit Steinen und Felsbrocken ausgelegtes rundes Labyrinth, das schon mehrfach, zuletzt 2015, von Vandalen zerstört, vom Künstler aber jedes Mal wiederhergestellt wurde.

Im direkt über der wellenumtosten Steilküste liegenden **Land's End Lookout Visitor Center** gibt es ein Café und einen Souvenirshop. (680 Point Lobos Ave., Tel. 415-426-5240; tgl. 9–17 Uhr).

Sutro Baths & Cliff House 10 [A4]

Historische Aufnahmen täuschen nicht. Wären die 1896 eröffneten **Sutro Baths** nicht 1966 den Flammen zum Opfer gefallen, stünde die Anlage heute als hipper Fitnesstempel vermutlich hoch im Kurs. Badegäste konnten sich in sieben Pools aalen, die mit unterschiedlich temperiertem Frisch- oder Salzwasser gefüllt waren. Zu diesem Paradies gehörte ein Museum, in dem Bürgermeister Adolph Sutro als Gründer Souvenirs und Kunstgegenstände ausstellte, die er von zahlreichen Reisen nach San Francisco mitgebracht hatte. Heute erinnert nur noch eine Ruinenanlage an die alte Herrlichkeit (Point Lobos Ave.).

Eine wechselvolle Geschichte prägte das **Cliff House** nebenan, das schon vor über 150 Jahren ein beliebter Treffpunkt der High-Society war. 1887 havarierte in den Felsen direkt vor dem Gebäude der mit Kerosin und Sprengstoff beladene Frachter »Parallel« und explodierte. Die Detonation war so gewaltig, dass sie noch in Oakland und San José zu hören war. Das demolierte und danach wiederaufgebaute Cliff House wurde 1894 erneut durch ein Feuer stark beschädigt und brannte 1907 bis auf die Grundmauern nieder. 1909 wiedereröffnet, wechselte es in den folgenden Jahrzehnten mehrfach den Besitzer, bis es 1977 von der Verwaltung der Golden Gate National Recreation Area übernommen wurde. Nach wie vor bildet der Komplex wegen des Panoramablicks einen magischen Anziehungspunkt.

Zum Cliff House gehören auch Sutro's Bar & Lounge, ein Bistro, die Zinc Bar & Balcony Lounge und ein Souvenirshop. Im Terrace Room wird sonntags bei Harfenmusik ein edles Champagnerbüffet serviert, bei dem keine Wünsche offen bleiben (1090 Point Lobos Ave., Tel. 415-386-3330, www.cliffhouse.com; Lunch Mo–Sa 11.30–15.30, So 11–15.30, Dinner tgl. 17–21.30, Champagnerbüffet So 10–15 Uhr, 55 $, Reservierung empfohlen).

Tour 9 Im Golden Gate Park ★ 9

Verlauf: **Dutch Windmill › Bison Paddock › Spreckels Lake › Stow Lake › Japanese Tea Garden › De Young Museum › California Academy of Sciences › Botanical Gardens › Conservatory of Flowers**

Verlauf: Karte: siehe S. 102

Dauer / Länge: 4–5 Std./7 km

Praktische Hinweise:

- Der John F. Kennedy Drive im Park ist April–Sept. Sa und das ganze Jahr über So für den Autoverkehr gesperrt.
- Das Conservatory of Flowers ist mit dem MUNI-Bus Nr. 5 ab Market & 4th St. erreichbar. Die Haltestelle beim Park liegt an der 8th Ave. & Fulton St.
- Im Park fährt der Kleinbus Golden Gate Park Shuttle über ein Dutzend Haltestellen bei Attraktionen an, die Benutzung ist kostenlos (Sa, So, Fei 9–18 Uhr).
- Alle Informationen zum Park, den Sehenswürdigkeiten, Gärten, Veranstaltungen etc. findet man unter http://goldengatepark.com

Tour-Start:
Dutch Windmill 11 [A5]

Mit 23 m Höhe ist die 1903 errichtete Windmühle am westlichen Ende des Golden Gate Park eine stattliche Erscheinung. Ursprünglich pumpte sie ca. 10 000 l Grundwasser pro Stunde auf den größtenteils aus sandigen Flächen bestehenden

Park, ehe zehn Jahre später elektrische Pumpen die Aufgabe übernahmen und die Windmühle das Schicksal alles Zeitlichen einzuschlagen schien. 1981 entschloss man sich zu einer Restaurierung, um das stimmungsvolle Symbol der Nachwelt samt Tulpengarten zu erhalten, der sich im Februar und März von seiner schönsten Seite zeigt. (1691 John F Kennedy Dr.).

Eine zweite Windmühle südlich ist die fünf Jahre jüngere **Murphy Mill**, die ebenfalls restauriert 2012 wiedereröffnet werden konnte (Martin Luther King Dr.).

Zwischenstopp: Restaurant

Beach Chalet / Park Chalet ❹ €€ [A5]

Die Restaurants liegen nebeneinander, und von beiden hat man einen prächtigen Blick auf den Ocean Beach. Neben kleineren Gerichten gibt es Spezialitäten wie Atlantiklachs, Regenbogenforelle und Black Angus New York Steak.

- 1000 Great Hwy. | Tel. 415-386-8439
  www.beachchalet.com
  www.parkchalet.com
  Beach Chalet Mo–Fr 9–22, Fr–Sa 8–23 Uhr; Park Chalet Mo–Fr 12–22, Sa–So 11–21 Uhr

North Lake 12 [A5]

Bevor der Golden Gate Park angelegt wurde, versteckten sich über ein Dutzend sumpfige Seen in der Dünenlandschaft. Fünf wurden in den heutigen Park hinübergerettet, darunter der North Lake. Alle übrigen stehenden Gewässer wurden von Menschenhand geschaffen. Die Inselchen im See sind ein beliebtes Rückzugsgebiet für unterschiedliche Vogelarten wie Reiher, Eisvögel und zahlreiche Entenarten (Chain of Lakes Dr.).

Spreckels Lake 13 [B5]

Von seiner wilden Seite zeigt sich der Park in der Nachbarschaft des Spreckel's Lake. Ende des 19. Jahrhunderts wurde dort ein aus Wyoming und Kansas stammendes Bisonpärchen angesiedelt, das zu den Stammeltern der heute auf der **Bison Paddock** lebenden Herde wurde. Um die kraftstrotzenden Zotteltiere kümmern sich die Mitarbeiter der Zoogesellschaft von San Francisco (1237 John F Kennedy Dr.).

Als einer der schönsten Seen im Park zieht der **Spreckels Lake** mit seinen Montereyzypressen, zahlreichen Vogelarten und Kleintieren

Die stattliche holländische Windmühle im Golden Gate Park

viele Besucher an. Die umliegenden Wege werden deshalb auch von Radfahrern, Joggern, Hikern und Fitnessfans stark frequentiert. Der San Francisco Model Yacht Club, der dort seine Basis unterhält, richtet das Jahr über zahlreiche Feste und Wettbewerbe aus (Spreckels Dr./36th Ave.).

Marx Meadow 14 [B5]

Das Wiesengelände liegt mitten im Zentrum des Parks und ist von einer Golfanlage umgeben. Fünf Picknickstellen sorgen dafür, das sich Parkbesucher an den rustikalen Holztischen eine Pause gönnen können. Also: Es lohnt sich, einen Happen aus der Stadt mitzubringen. Wer es ganz komfortabel will, kann die BBQ-Grills nutzen (906 John F Kennedy Dr.).

Stow Lake 15 [C5]

Seit der künstliche See 1893 angelegt wurde, nutzen ihn die Einwohner der Stadt für kleine Fluchten ins Grüne. Wander- und Radwege führen um das Gewässer, auf dem man sich beim Bootfahren fit halten kann. Eine Brücke führt auf den mitten im See gelegenen **Strawberry Hill** (Bootshaus mit Vermietung von Ruder-, Pedal- und Elektrobooten, tgl. 10–18 Uhr, Adresse s. u.).

Zwischenstopp: Café

Stow Lake Boathouse 5 €–€€ [C5]

Im Café im historischen Bootshaus kann man sich mit kleinen Mahlzeiten wie Hamburgern, Hot Dogs, Salaten und vegetarischen Snacks stärken. Außer Heißgetränken gibt es auch Bier und Wein.

- 50 Stow Lake Dr. East
  Tel. 415-386-2531
  www.stowlakeboathouse.com
  Tgl. 11–17 Uhr, kostenlose Parkplätze am Stow Lake Dr.

Japanese Tea Garden 16 [C5]

Nach über 120 Jahren ist der japanische Teegarten längst zu einer städtischen Institution geworden. Brücken, kleine Wasserläufe, Pagoden, gepflasterte Wege, Koi-Teiche und eine typisch japanische Vegetation machen den lauschigen Garten zu einer Oase der Meditation. Vor allem im Frühling, wenn die Kirschbäume blühen, entfaltet das Gelände seinen ganzen Zauber. Im zentral gelegenen **Teehaus** bietet sich eine entspannte Teepause an, zu der man typische japanische Glückskekse verzehren kann. Die Cookies wurden vom Gartengründer Hagiwara in San Francisco eingeführt, wo sie heute noch eine populäre Beilage jeder fernöstlichen Mahlzeit sind (75 Hagiwara Tea Garden Dr., Tel. 415-752-4227, www.japaneseteagardensf.com, März–Okt. 9–18, sonst 9–16.45 Uhr, Mo, Mi und Fr Eintritt frei vor 10 Uhr, Erw. 8 $, Senioren ab 65 J. und Kinder 12–17 J. 6 $, Parkplatz im Music Concourse).

De Young Museum ★ 17 [C5]

Von außen wirkt das Museum mit seinen Kupferfassaden und dem 44 m hohen konischen Aussichtsturm wie eine uneinnehmbare Festung. So präsentiert sich die Kunstzitadelle erst seit 2005, als der vom

Das De Young Museum ist außen wie innen sehenswert

Schweizer Architektenbüro Herzog & de Meuron gestaltete Neubau eröffnet wurde. In den permanenten Ausstellungen ist amerikanische Malerei und dekorative Kunst, afrikanische und ozeanische Kunst, Fotografie und Textilkunst zu sehen. Spezielle Shows beschäftigen sich mit einzelnen Künstlern und Künstlerinnen sowie mit ausgesuchten Themen wie etwa der Kunst und Mode der Hippiezeit.

Kraft schöpfen kann man nach einem anstrengenden Rundgang im Museumscafé und im Skulpturengarten (50 Hagiwara Tea Garden Dr., Tel. 415-750-3600, http://deyoung.famsf.org; Di–So 9.30–17.15, Fr bis 20.45 Uhr, Erw. 15 $, Senioren ab 65 J. 10 $, Kinder unter 18 J. und 1. Di im Monat Eintritt frei). **50 Dinge (11) › S. 13.**

California Academy of Sciences ★ 18 [C5]

Alles unter einem Dach, sogar einem lebenden Dach! Eine kleine, grüne Hügellandschaft deckt die Einrichtung, die sich nicht nur als Naturkundemuseum, sondern auch als wissenschaftliche Institution versteht. Besucher bekommen einen viergeschossigen Regenwald mit tropischen Vögeln und Schmetterlingen, ein Aquarium mit 40 000 Lebewesen und Korallenriffs und eine Planetariumshow zu sehen oder tauchen ein in die wundersame Welt der Mineralien (55 Music Concourse Dr., Tel. 415-379-8000, www.calacademy.org; Mo–Sa 9.30 bis 17, So 11–17, Do bis 22 Uhr, Erw. 34,95 $, Senioren ab 65 J. und Kinder 12–17 J. 29,95 $, Kinder 4–11 J., 24,95 $). **50 Dinge (9) › S. 12.**

Shakespeare Garden 19 [D5]

Hinter einem schmiedeeisernen Tor öffnet sich der dem berühmten englischen Dichter gewidmete Garten. Über 200 Pflanzen und Blumen von Mohn über Rosen und Lilien bis zu Stiefmütterchen versammeln sich auf diesem Areal, die alle in den unterschiedlichen Werken des Blumenliebhabers auftauchen. Im Garten verteilen sich zahlreiche Bronzetafeln mit Shakespeare-Zitaten. Eine Schrein mit einer Bronzebüste befindet sich im hinteren Teil des Gartens, allerdings häufig zum Schutz vor Vandalismus hinter Metalltüren verborgen (335 Martin Luther King Jr. Dr; Mo–Fr 9–17, Sa 9–12 Uhr, Do mittags 12.30 bis 14.30 Uhr geschl.).

Botanical Garden 20 [C5]

Für Pflanzenliebhaber ist der Garten mit seinen über 7000 Arten ein Highlight. Wie ein Puzzle setzt er sich aus vielen Einheiten zusammen, die sich mit der Vegetation fremder Länder beschäftigen: Australien, Südamerika, Südostasien, Südafrika, Mittelmeer, Neuseeland und natürlich Kalifornien. Besucher können u. a. dem **John Muir Nature Trail** folgen, durch einen Rhododendrongarten und einen mittelamerikanischen Cloud Garden flanieren oder die Nachfahren alter Pflanzen wie Moose, Baumfarne und Ginkgobäume studieren (9th Ave. & Lincoln Way, Tel. 415-242-5600; April bis Okt. 9–17, Nov.–März 10 bis 16 Uhr, Erw. 7 $, Senioren ab 65 J. und Jugendl. 12–17 J. 5 $, Kinder 5–11 J. 2 $).

Conservatory of Flowers 21 [D5]

Das schneeweiße viktorianische Schmuckstück aus Holz und Glas gehört zu den ältesten Gewächshäusern in Nordamerika. Für San Franciscos Einwohner rangiert der reizende Bau unter den populärsten Attraktionen der Stadt. Über 1700 unterschiedliche Pflanzenarten von Palmen und Zimtbäumen über Bananenstauden bis zu Wasserlilien, Orchideen und einem über 100 Jahre alten Philodendron machen die Einrichtung zu einem richtigen Hingucker für Pflanzenliebhaber (100 John F. Kennedy Dr., Tel. 415-831-2090, www.conservatoryofflowers.org; Di–So 10–18 Uhr, Erw. 8 $, Senioren ab 65 J. und Kinder 12–17 J. 6 $, 1. Di im Monat Eintritt frei). **50 Dinge** (30) › S. 15.

Tour 10 Hippiehochburg Haight-Ashbury

Verlauf: **Hippie Hill › Airplane House › Red Victorian B&B › Kreuzung Haight & Ashbury St. › Janis Joplin House › Grateful Dead House › Buena Vista Park › Alamo Square**

Karte: siehe S. 114
Dauer / Länge: 2–3 Std. / 5,3 km
Praktische Hinweise:

- Haight-Asbury ist erreichbar mit MUNI-Bussen der Linien 6, 7, 33, 43 und 71.
- Wer Hochbetrieb am Tag wie in der Nacht nicht scheut, besucht das Viertel am Wochenende. Wochentags ist es wesentlich ruhiger.
- Summer-of-Love-Atmosphäre kommt seit den 1970ern jährlich beim Haight-Ashbury Street Fair mit Bands und Buden auf (www.haightashburystreetfair.org).

Hier residierte die kalifornische Rockband Jefferson Airplane in den 1960er-/70er-Jahren

Tour-Start: Hippie Hill 22 [D5]

Der am östlichen Ende des Golden Gate Parks liegende Hügel bekam in den 1960er-Jahren seinen Namen, als er zu einem populären Treffpunkt der Blumenkinder wurde. Mit Flower-Power machte das in der Nachbarschaft liegende Viertel Haight-Ashbury damals Schlagzeilen weit über die Grenzen der USA hinaus. Über eine kurze Zeitspanne entwickelte es sich zum globalen Nabelpunkt eines unter dem Motto »Make love, not war« stehenden Protests gegen den Vietnamkrieg und einer Rebellion gegen die als sinnentleert empfundene Wohlstands- und Leistungsgesellschaft. Neben Drogen spielte im Leben der Hippies bewusstseinserweiternde Musik eine große Rolle. Deshalb wurde die Kultur in Haight-Ashbury zu Flower-Power-Zeiten zu einem wesentlichen Teil von Künstlern und Gruppen wie Janis Joplin, Grateful Dead, Jefferson Airplane und Jimi Hendrix geprägt, die im Viertel wohnten oder damit in Verbindung standen.

Aus dem ehemaligen Mekka der Gegenkultur entwickelte sich mittlerweile eine Enklave von Bohemians. Flower-Power-Spuren sind aber dennoch sichtbar. Hippie Hill ist auch heute noch ein sporadischer Treff für jene, die von einer besseren Welt träumen (Stanyan St. & Kezar Dr.).

Airplane House 23 [D5]

Die amerikanische Rockband Jefferson Airplane landete 1968 mit dem psychedelischen Rocksong »White Rabbit« und dem Titel »Somebody to Love« zwei große kommerzielle Erfolge. Die Sechsergruppe beschloss, 70 000 $ in ein dreigeschossiges Haus **(2400 Fulton Street)** im neokolonialen Stil mit 17 Zimmern zu investieren, in dem ein Aufnahmestudio, ein Büro, Unterkünfte und Partyräume eingerichtet wurden, in denen gelegentlich auch

The Doors and The Blues Brothers auftauchten. Das herrschaftliche Anwesen sieht mit seiner eleganten Säulenfassade gar nicht aus wie der Schlupfwinkel einer Rockgruppe, sondern eher wie die Residenz eines wohlhabenden Bankers.

Mit dem Einzug der Musiker veränderte sich die Villa. Wo vorher indisches Mahagoniholz, Mobiliar aus Santo Domingo, Kristallleuchter, Teppiche und Buntglasfenster das Interieur geprägt hatten, standen jetzt Pingpong- und Billardtische und dekorierten Plakate die Wände. Die größte Veränderung war äußerlich: Jefferson Airplane ließen das Hippiedomizil schwarz anstreichen.

Red Victorian B&B 24 [D5]

Das dreistöckige viktorianische Gebäude mit Eckerkern und einer sehenswerten, karmesinroten Fassade gibt sich wie eine der letzten Zitadellen des längst vergangenen Summer of Love, ein Refugium für Späthippies, Globetrotter, Love-and-Peace-Aktivisten und Nonkonformisten. 18 Gästezimmer stehen zur Verfügung, jedes nach einem anderen Motto eingerichtet, manche eher spartanisch ohne Schnickschnack, andere operettenhaft, fast schwülstig. Man muss dort nicht übernachten, sollte aber einen nostalgischen Blick Richtung Blumenkinderära riskieren (1665 Haight

Tour in San Franciscos Westen

Tour 10

Hippiehochburg Haight-Ashbury

22 Hippie Hill
23 Airplane House
24 Red Victorian B&B
25 Kreuzung Haight & Ashbury St.
26 Janis Joplin House
27 Grateful Dead House
28 Buena Vista Park
29 Alamo Square

St., Tel. 415-864-1014, www.red-victorian-bed-breakfast.san-francisco-hotels-ca.com; Zimmer meist mit Etagenbad, keine Parkplätze, kleines Frühstück, WLAN, €€).

Kreuzung Haight & Ashbury St. 25 [E5]

Mitte der 1960er-Jahre kursierte in den Medien ein Foto, das an dieser Straßenkreuzung von der legendären Hippieband Grateful Dead aufgenommen worden war. Das trug nicht nur zur Reputation des ganzen Stadtteils bei. Heute gilt das an der Kreuzung stehende Straßenschild bei Touristen als eines der populärsten Fotomotive im Viertel. Insider erinnern sich auch daran, wie gerade im Umfeld dieser Straßenkreuzung der Summer of Love zu Ende ging. Mit einem symbolischen Akt. Am 6. Okt. 1967, exakt ein Jahr, nachdem LSD zur illegalen Droge erklärt worden war, veranstalteten die lokalen Blumenkinder auf der Haight Street ein symbolisches Begräbnis und trugen beim *Death of Hippie March* mit einen Sarg eine kurze, aber prägnante Ära zu Grabe. Love-and-Peace-Träume sind hier inzwischen realitätsnäheren, man könnte auch sagen kommerzialisierten Vorstellungen gewichen. **50 Dinge (25) › S. 14.**

Ein Gang durch die Haight und Ashbury Street muss nicht unbedingt Reminiszenzen der Flower-Power-Bewegung zum Ziel haben oder in skurrile Läden und Secondhandshops führen, durch die der Duft von Marihuana und Räucherstäbchen wabert. Die Straßenzüge

San Franciscos berühmteste Kreuzung

hatte in der Vergangenheit Glück im Unglück. Im Unterschied zu anderen Teilen von San Francisco blieben sie vom katastrophalen Erdbeben 1906 weitgehend verschont. Deshalb ist viel der größtenteils aus dem 19. Jh. stammenden viktorianischen Architektur erhalten. Ganze Straßenzeilen präsentieren sich heute, von finanzkräftigen Investoren bisweilen mit Millionenaufwand instandgesetzt, als geradezu märchenhafte Relikte.

Janis Joplin House 26 [E5]

Zu jenen Einwohnern von Haight-Ashbury, die in den 1960er-Jahren das Leben Alkohol- und Drogenexzessen auf seine Belastbarkeit hin testen wollten, gehörte auch die Blues-Rock-Sängerin Janis Joplin (1943–1970), die mit Songs wie »Me and Bobby McGee« und »Cry Baby« Musikgeschichte machte. Sie wohnte in Haight-Ashbury in unterschiedlichen Häusern. Am bekanntesten ist ihre Adresse **635 Ashbury**

Street, ein heutiges Privathaus aus dem Jahr 1905. Es ging unter dem Namen Janis Joplin House in die Stadtteilgeschichte ein, nachdem die Sängerin mit der markanten Stimme in dem Anwesen von Januar bis April 1967 gewohnt hatte.

Grateful Dead House 27 [E5]

Die aus Bandleader Jerry Garcia sowie Bill Kreutzmann, Phil Lesh, Ron McKernan und Bob Weir bestehende Gruppe bewohnte dieses viktorianische Queen-Anne-Haus **(710 Ashbury St.)** von 1966 bis 1968 und entwickelte dort auch ihren transzendentalen Musikstil. Teil der Stadtgeschichte ist das Datum 2. Okt. 1967. An diesem Tag unternahm die Polizei in diesem Haus eine Razzia und verhaftete elf Bewohner wegen Marihuanabesitz (Besichtigung nur von außen).

Zwischenstop: Restaurant/Café

Blue Front Café 6 € [E5]

Einfaches Holzmobiliar, Steinboden, die Speisekarte auf großen Schiefertafeln. In dem griechisch-orthodoxen Familienbetrieb duftet es nach der Küche des Mittleren Ostens, von Gyros bis Falafel.

- 1430 Haight St. | Tel. 415-252-5917
  www.bluefrontcafe.com
  Tgl. 7.30–22 Uhr

Central Coffee Tea & Spice 7 € [E5]

In dieses typische Stadtteilcafé mit Secondhand-Mobiliar kommen Stammgäste aus der Gegend, keine Hipster, keine Touristen, nichts Besonderes. Aber das Ambiente des Tante-Emma-Ladens erinnert daran, wie großstadtfern es vor Jahren im Viertel noch zuging.

- 696 Hayes St. | Tel. 415-922-2008
  www.centralcoffeesf.com
  Tgl. 6–14 Uhr

Damenbeine in Netzstrümpfen sind das Aushängeschild der Piedmont Boutique

Shopping

Piedmont Boutique [E5]
Zwei Damenbeine in Netzstrümpfen und roten High Heels, die aus einem Fenster im Obergeschoss ragen, weisen den Weg in den Shop und lassen das Warenangebot erahnen: ziemlich ausgeflippte Klamotten und Accessoires, Hüte und neckische Wäsche für ganz besondere Anlässe.

- 1452 Haight St.
  Tel. 415-864-8075
  www.piedmont-boutique.myshopify.com
  Tgl. 11–19 Uhr

Buena Vista Park 28 [E5]

Wäldchen aus Eichen, Pinien, Eukalyptus und Monterey-Zypressen säumen die Pfade, die sich durch den Park winden. Hie und da wird der Blick frei auf die nahe Stadtlandschaft. Manche Wege werden von Grabsteinen gesäumt, die auf frühere Bestattungsplätze hinweisen, bevor der Stadtfriedhof nach Colma verlegt wurde › **S. 19.** Vom knapp 100 m hohen »Gipfel« reicht die Aussicht bis zur Golden-Gate-Brücke (Eingang Ecke Buena Vista Ave. W. & Haight St.).

Alamo Square 29 [E4]

An dem Park nordöstlich von Haight-Asbury befindet sich die berühmte viktorianische »Postkartenreihe« der **Seven Sisters** 10 (Steiner Street Nr. 710–720) › **Bild S. 44/45.** Diese sogenannten Painted Ladies tauchen als städtische Wahrzeichen in Veröffentlichungen über San Francisco genauso häufig auf wie die Golden Gate Bridge. Einzig das Shannon-Kavanaugh House von 1892 an der linken Flanke der Reihe, erkennbar am spitzen Erkerturm und pistaziengrünen Außenanstrich, unterscheidet sich von den sechs anderen Gebäuden. In den 1960er-Jahren hausten in den Räumen drei Dutzend Hippies, die ein neuer Besitzer erst mit einer List loswurde. Er streute das Gerücht, das FBI sei im Anmarsch.

Tour 11 Nobelviertel Pacific Heights

Verlauf: **Lafayette Park › Spreckels Mansion › Atherton Mansion › Haas-Lilienthal House › Octagon House › Mrs. Doubtfire House › Alta Plaza Park › Billionaires Row › Lyon Street Steps**

Karte: siehe S. 118
Dauer/Länge: 2–3 Std./4,3 km
Praktische Hinweise

- Bei den Residenzen an der Billionaires Row handelt es sich um private Anwesen. Man sollte das Recht der Besitzer auf Privatsphäre unbedingt respektieren.
- Wer öffentliche Verkehrsmittel nutzen will, kann auf dem Union Square die Busse der Linien 3 und 45 nach Pacific Heights nehmen (keine Cable Cars).
- Außer der Filmore St. sind die Blocks der Union St. zwischen Van Ness Ave. und Steiner St. und zwischen Union und Lombard St. die lohnendsten Shoppingmeilen des Stadtteils.

Tour-Start: Lafayette Park 30 [F3]

Den etwas abseits der festgetrampelten Touristenpfade gelegenen Pacific Heights District nimmt man am besten in diesem Park unter die Füße. Einige Teile des Viertels wurden vom großen Erdbeben 1906 verschont und präsentieren sich deshalb mit Straßenzeilen voller prächtiger Häuser aus der viktorianischen Zeit. Zudem ist Pacific Heights für seine Prachtvillen und exklusiven Shoppingadressen bekannt. Kreuz und quer verlaufen Spazierwege durch den 4,7 ha großen Lafayette Park mit gepflegten Rasenbereichen und Baumgruppen. An vier Picknicktischen kann man eine Pause einlegen und den Blick auf die das Stadtgebiet genießen (Gough & Washington St.).

Spreckels Mansion 31 [F3]

Gänzlich unbescheiden ließ sich 1913 der schwerreiche Zuckerbaron Adolph Spreckels an der nördlichen Parkgrenze einen schneeweißen Palast im Stil eines französischen Barockschlosses errichten – als Weihnachtsgeschenk für seine Frau Alma, die kunstsinnige Gründerin der Legion of Honor › **S. 107**. Leisten konnte sich der Bauherr die Kosten, weil er mit der Zuckerproduktion aus hawaiianischem Zuckerrohr und Zuckerrüben aus dem Salinas Valley riesige Gewinne erwirtschaftete. Um Platz für seine Residenz zu schaffen, mussten mehrere viktorianische Häuser weichen. Alma setzte sich dafür ein, dass diese Bauten nicht abgerissen, sondern umgesiedelt wurden. An der Ein-

Tour in San Franciscos Westen

Tour 11

Nobelviertel Pacific Heights

30 Lafayette Park
31 Spreckels Mansion
32 Atherton Mansion
33 Tobin House
34 Haas-Lilienthal House
35 Octagon Hous
36 Mrs. Doubtfire House
37 Leale House
38 Alta Plaza Park
39 Billionaires Row
40 Lyon Street Steps

weihungsfeier soll auch der Schriftsteller Jack London teilgenommen haben. Heute residiert in dem 27 Räume großen Prachtbau die eher publikumsscheue Schriftstellerin Danielle Steele, die mit über 60 Romanen zu den meistverkauften Autorinnen der Welt zählt (2080 Washington St., Ecke Octavia St.).

Atherton Mansion 32 [F3]

Das hübsche Anwesen aus dem Jahr 1881 war eines der ersten Privathäuser der Stadt im viktorianischen Queen-Anne-Stil. Heute präsentiert sich die Residenz mit dem runden Eckturm in einem Mix unterschiedlicher Baustile, was der Attraktivität keinen Abbruch tut. Unter amerikanischen Geisterjägern ist das Anwesen eine bekannte Adresse, weil es darin spuken soll (1990 California St., Ecke Octavia St.).

Tobin House 33 [F3]

Der Gründer der Tageszeitung »San Francisco Chronicle« plante 1915 für seine beiden Töchter Constance und Helen ein dreigeschossiges Doppelhaus im neogotischen Stil. Während Constance in der linken Hälfte lebte, beschloss Helen, ihr Leben anderswo zu führen, sodass die rechte Haushälfte nie gebaut wurde. Stattdessen schließt sich an den hübschen Palazzo mit seinem doppelstöckigen Fenstererker ein modernes Wohnhaus mit einer roten Ziegelfassade an, das den Unterschied zwischen gestern und heute sehr plakativ demonstriert (1969 California St.).

Häuserzeile im noblen Pacific Heights

Haas-Lilienthal House 34 [F3]

Wo heute eine Architekturstiftung ihren Sitz hat, residierte jahrzehntelang die Familie eines Auswanderers aus Bayern. Dass es der Großhändler zu einem beträchtlichen Vermögen gebracht hatte, ist seinem geradezu märchenhaft anmutenden Palast im Queen-Anne-Stil an allen Ecken und Enden anzusehen. Es ist das einzige viktorianische Haus, das in ein **Museum** umfunktioniert wurde und der Öffentlichkeit ganzjährig auch mit seinem erlesenen Interieur offen steht. Dass die hausinterne Kommunikation schon früher ohne PC und Smartphone klappte, beweisen in allen wichtigen Zimmern befindliche Klingelknöpfe. Sie schickten ein Signal in die Küche, wo ein mechanischer Anzeiger meldete, von wo der Service gerufen wurde (2007 Franklin St. Tel. 415-441-3000, www.sfheritage.org/haas-lilienthal-house; Mi u. Sa 12–15, So 11 bis 16 Uhr, Erw. 8 $).

Octagon House 35 [F3]

Das Viktorianische Zeitalter hat San Francisco mit diversen architektonischen Modeströmungen beglückt. In den 1860er-Jahren waren u. a. achteckige Häuser »in«, wie das repräsentative Octagon House, das museal mit Artefakten und antikem Mobiliar sowie einem Kuppeldach mit einem verglasten Türmchenaufsatz ausgestattet ist. Der Grund für diesen Baustil? Die Bauherren waren davon überzeugt, dass es sich in solchen Häusern gesünder leben lässt (2645 Gough St., Tel. 415-441-7512, www.nscda-ca.org; Museum und Garten jeden 2. So und jeden 2. und 4. Do im Monat 12–15 Uhr, Eintritt frei, Spenden erbeten).

Mrs. Doubtfire House 36 [E3]

Die malerischen Häuser und Straßenzüge in Pacific Heights blieben natürlich auch Filmemachern nicht verborgen. Sie schickten ihre *location scouts* auf der Suche nach geeigneten Drehorten auch in diesen Distrikt. Regisseur Paul Verhoeven drehte dort 1992 Szenen für »Basic Instinct« mit Michael Douglas und Sharon Stone, Alfred Hitchcock nutzte die Stadtkulisse 1958 für »Vertigo«, und Clint Eastwood war 1983 in »Dirty Harry kommt zurück« in der Rolle des Polizisten Harry Callahan im Stadtteil unterwegs. Zehn Jahre später hatte Robin Williams in der Komödie »Mrs. Doubtfire – Das stachelige Kindermädchen« seinen Auftritt. Seit damals ist das Privathaus, in dem gedreht wurde, unter diesem Namen bekannt (2640 Steiner St.).

Leale House 37 [E3]

Das ehemalige Hauptgebäude einer Milchfarm stammt aus der Zeit um 1860 und gilt als eines der ältesten Privathäuser im Stadtteil. Später ging das herrschaftliche Anwesen in den Besitz eines pensionierten

Die wunderschön angelegten Lyon Street Steps

Fährschiffkapitäns über, der sich als Schriftsteller versuchte und mehrere bauliche Veränderungen an seinem Heim vornahm (2475 Pacific Ave., www.noehill.com/sf/landmarks/sf045.asp).

Alta Plaza Park 38 [E3]

In Anbetracht der großen Wertschätzung, die die Einwohner des Viertels dem Park entgegenbringen, könnte man die Oase auch als das Open-Air-Wohnzimmer von Pacific Heights bezeichnen, von dem aus man einen Blick auf die Bucht hat. Der Landschaftsarchitekt, der auch für den Golden Gate Park verantwortlich war, legte vor über 100 Jahren den nach wie vor beliebten Alta Plaza Park an (zwischen Scotts, Jackson, Steiner & Clay St.).

Zwischenstopp: Restaurants

Fresca 8 €€ [E3]

Das Traditionslokal serviert peruanische Küche wie Empanadas (gefüllte Teigtaschen), Paella mit Safranreis, verschiedene Fischsorten und gebratene Süßkartoffeln. Frisch zubereitete Sangria gibt es im Krug.

- 2114 Fillmore St. | Tel. 415-447-2668
  www.frescasf.com
  Mo–Do 11–21, Fr–So 10.30–22 Uhr

The Grove 9 € [E3]

Das Lokal ist vor allem wegen seiner guten Frühstücksangebote zu einem Publikumsrenner geworden. Fleischesser und Vegetarier kommen gleichermaßen auf ihre Kosten.

- 2016 Fillmore St. | Tel. 415-474-1419
  www.thegrovesf.com
  Mo–Fr 7–23, Sa–So 8–23.30 Uhr

Billionaires Row 39 [E3]

Die drei Straßenblöcke der westlichen Broadway Avenue zwischen Lyon und Divisadero Street machen selbst im ohnehin ziemlich exklusiven Distrikt einen Unterschied. Der Straßenabschnitt ist zwar nicht mit Gold gepflastert, aber von Immobilienjuwelen gesäumt. Die Milliardärsmeile klotzt mit den teuersten Residenzen in ganz San Francisco. Dass Paläste zu Preisen bis zu über 30 Mio. den Besitzer wechseln, ist keine Seltenheit. Der auf der höchsten Erhebung im Distrikt stehende Prachtbau mit der Adresse **2701 Broadway** etwa wurde für 31 Mio. Dollar an einen neuen Besitzer verkauft, der 7 Schlafzimmer, 7 Bäder, zwei Küchen, zwei Büroräume und drei Dachterrassen in Anspruch nehmen kann.

Lyon Street Steps ★ 40 [E3]

Hübsche, zum Teil versteckt liegende Treppenaufgänge gibt es in der Stadt dutzendweise. Zu den prächtigsten zählen die Lyon Street Steps, die über eine parkähnliche Hügelflanke führen. Die 332 von gestutzten Hecken gesäumten Stufen werden von Bewohnern auch gern als Joggingpfad genutzt. Vom oberen Ende der Treppe reicht der atemberaubende Blick über Pacific Heights, an der bewaldeten Grenze des Presidio vorbei und über den Palace of Fine Arts und die Dächer des Stadtteils Marina hinweg auf die Bucht von San Francisco und die Hügel im nördlichen Bereich der Bay (Ecke Broadway & Lyon St.).

SAN FRANCISCOS SÜDEN

Kleine Inspiration

- **Auf dem Rainbow Honor Walk wandeln** – auf Spuren kulturell verdienter schwul-lesbischer Prominenz › S. 124
- **Eine professionelle Streetart-Führung mitmachen** im kunstbeflissenen Mission District › S. 132
- **Das fantastische Stadt- und Buchtpanorama genießen** von dem Doppelhügle Twin Peaks › S. 132

Karte
S. 126

Wie facettenreich die Bay-Metropole ist, zeigen die Stadtteile Castro und Mission District: einerseits eine weltbekannte Gay-Hochburg, andererseits ein neues Hipsterviertel mit Wandmalereien und Latinoflair.

Was hat man davon zu halten? Ein Stadtteil verzichtet auf das herkömmliche Schwarz-Weiß-Muster von Zebrastreifen und markiert Fußgängerüberwege stattdessen in Regenbogenfarben? Castro bekennt sich seit Langem offen zu seinem Gay-Charakter und dokumentiert damit nicht nur sein Selbstbewusstsein, sondern auch Weltoffenheit, Toleranz und liberale Einstellung, mit der San Francisco seine internationale Reputation als radikaler Gegenentwurf zum amerikanischen Mainstream hartnäckig verteidigt. Jeder kann und soll hier nach eigener Façon glücklich werden, heißt das populäre Mantra – ohne Anspruch darauf, das hohe Ziel auch verwirklichen zu können.

Ganz anders im Mission District. Hier herrscht spannungsgeladenes Nebeneinander: Taco-Buden, Ein-Dollar-Märkte und Eck-Bodegas hier, Hipsterklubs, Edelboutiquen und coole Baristatempel da. Dabei handelt es sich um einen Wandel im Viertel, der von Jahr zu Jahr deutlicher sichtbar wird. Nachdem The Mission in den 1770er-Jahren von Spaniern besiedelt wurde, folgten in späteren Zeiten Einwanderer aus Irland, Deutschland, Italien und Asien, bis Menschen aus Mittel- und Südamerika dem Stadtteil seinen hispanischen Charakter verliehen. Neuerdings zeichnet sich die nächste Veränderung ab.

In Castro trifft man überall auf Regenbogenfarben – Symbol der Gaybewegung

Der Grund dafür liegt eine knappe Autostunde südöstlich der Stadt und heißt Silicon Valley. Der Dotcom-Boom im »Tal der Visionen« hat auch im Mission District zu einer galoppierenden Gentrifizierung geführt, Mieten stiegen zum Teil explosionsartig und vertrieben alteingesessene Einwohner. Wo vor Jahren noch Latinobars, Autowerkstätten und Friseurgeschäfte die Straßen säumten, machen sich mittlerweile di heißesten Restaurants und angesagtesten Lofts breit, in denen hoch bezahlte Spezialisten der Internetriesen aus dem Silicon Valley residieren. Am augenscheinlichsten wird der Wandel, wenn man die beiden parallel verlaufenden Hauptverkehrsachsen Mission Street und Valencia Street miteinander vergleicht. Auf der Mission Street pulsiert der Verkehr nach wie vor durch ein kleinstädtisch anmutendes Gewusel von Shops und Menschen. Die Valencia Street wirkt dagegen wie eine aus dem Boden gestampfte Designermeile der neuen Technikelite.

Ein finaler Panoramablick reicht dann vom berühmten Doppelhügel Twin Peaks über die Metropole und die Bucht.

Touren in San Franciscos Süden

Tour 12 The Castro in Regenbogenfarben

Verlauf: **Harvey Milk Plaza › Rainbow Honor Walk › Castro Theatre › GLBT History Museum › Corona Heights Park**

Karte: siehe S. 126
Dauer/Länge: 2–3 Std./2,4 km
Praktische Hinweise:

- Castro ist gut per MUNI-Metro-Linien K, L, M und T erreichbar.
- Die historische Cable-Car-Linie F fährt von Fisherman's Wharf über die Market Street bis zum Endpunkt am Terminal Castro & 17th St. (Erw. 2,50 $, Senioren und Kinder 5–18 J. 1,25 $).
- Die Castro Street Fair mit Showbühnen, Live-Entertainment, Musik und Straßenständen findet jedes Jahr am ersten Sonntag im Okt. um die Kreuzung Market und Castro St. statt (http://castrostreetfair.org, 10 $ Spende erbeten).

Tour-Start: Harvey Milk Plaza 1 [E6]

Auf dem Platz befindet sich der zentrale Eingang zur U-Bahn-Station. Nachdem in den 1960er-Jahren die große Gay-Gemeinde der Stadt begann, ihre Belange und Interessen stärker zu artikulieren und durchzusetzen, wurde 1977 mit Harvey Milk der erste sich öffentlich zu seiner Homosexualität bekennende Politiker ins Parlament der Stadt gewählt. Sowohl Milk als auch der damals regierende liberal eingestellte Bürgermeister George Moscone wurden am 27. Nov. 1978 erschossen. Als der Doppelmörder nur zu einer kurzen Gefängnisstrafe verurteilt wurde, kam es vor dem Rathaus zu schweren Auseinandersetzungen zwischen Schwulen und Polizei (Kreuzung von Castro, Market und 17th St.).

Rainbow Honor Walk 2 [F5]

Hollywoods Walk of Fame war das Vorbild: Mit rund zwei Dutzend in die Gehsteige eingesetzten Bronzeplaketten erinnert die Straßengalerie in der Umgebung der Harvey Milk Plaza an schwul-lesbische Prominente. Darunter befinden sich der Schriftsteller James Baldwin (1924–1987), der spanische Poet Federico García Lorca (1898–1936), der Beat-Literat Allen Ginsberg (1926–1997), die mexikanische Malerin Frida Kahlo (1907–1954), der britische Essayist Oscar Wilde (1854–1900), der US-Dramatiker Tennessee Williams (1911–1983) und Jane Addams (1860–1935), die erste, 1931 mit dem Friedensnobelpreis gewürdigte Amerikanerin. Die Gedenkplaketten befindet sich an der 18th und 19th St. zwischen Diamond St. und Noe St. sowie entlang der Market St. zwischen Castro St. und Central Freeway.

Zwischenstopp: Kneipen

Twin Peaks Tavern ❶ €€ [E6]
Legendäre Eckkneipe mit dekorativen Buntglaslampen und einem Tresen, hinter dem geradezu verschwenderischer barocker Dekor mit Säulen, Kapitellen und Bögen herrscht. Die erste Schwulenbar der USA mit großen Panoramafenstern. Gute Cocktails, Fassbier und Wein auch pro Glas.

- 401 Castro St., Ecke 17th St.
  Tel. 415-864-9470
  www.twinpeakstavern.com
  Mo–Mi 12–2, Do–So 8–2 Uhr

The LookOut ❷ €–€€ [E6]
Die Gay Bar serviert tolle Margaritas und leckere kleinere Speisen. Bei manchen Abendveranstaltungen wird Eintritt (2–5 $) verlangt.

- 3600 16th St. (zw. Noe & Castro St.)
  Tel. 415-431-0306
  www.lookoutsf.com
  Mo–Fr 15.30–2, Sa 12.30–2,
  So 12.30–24 Uhr

Shopping

Human Rights Campaign Store [E6]
Der Laden befindet sich im ehemaligen Kamerageschäft des ermordeten schwulen Bürgerrechtlers Harvey Milk und verkauft Schlüsselketten, Armbänder, Halsketten, Schmuck aus Sterlingsilber und Modeartikel mit dem Logo der Human-Rights-Kampagne. **50 Dinge** ㊱ › **S. 16.**

- 575 Castro St.
  Tel. 415-431-2200
  http://shop.hrc.org/san-francisco-hrc-store
  Mo–Sa 10–20, So 10–19 Uhr

Cross-Roads Trading Co. [F5]
Das Secondhandgeschäft bietet ein umfangreiches Angebot an Modeartikeln aller Art für Männer und Frauen, von Kleidung, Schuhen und Handtaschen bis zu preisgünstigen Designerstücken.

- 2123 Market St.
  Tel. 415-552-8740
  www.crossroadstrading.com
  Mo–Sa 11–20, So 11–19 Uhr

In der legendären Schwulenbar Twin Peaks Tavern

Castro Theatre 3 ★ [E6]

Bei dem prächtigen, 1922 errichteten Kinopalast entschied sich der Architekt für den spanisch-kolonialen Barockstil. Das vertikale Neonzeichen wurde in den 1930er-Jahren hinzugefügt. Der Kinosaal mit 1400 Plätzen präsentiert sich fantasievoll mit einer Mischung aus spanischen, italienischen und orientalischen Einflüssen, einem Art-déco-Kronleuchter und seltenen Filmplakaten. Gezeigt werden v. a. Ton- und Stummfilmklassiker sowie Gay-Genre-Filme (429 Castro St. & 17th St., Tel. 415-621-6120, www.castrotheatre.com; Erw. 12 $, Senioren ab 62. J. u. Kinder unter 12 J. 9 $).

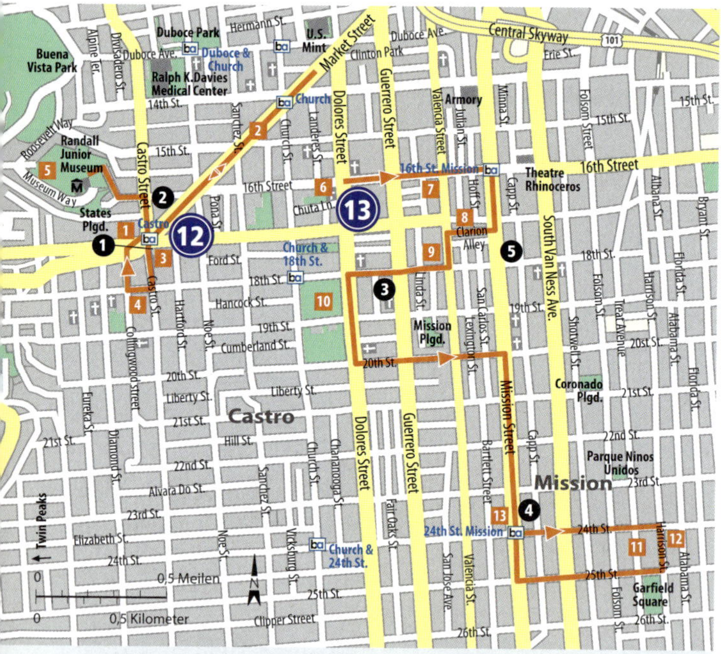

Touren in Castro & Mission

Tour 12

The Castro in Regenbogenfarben

1 Harvey Milk Plaza
2 Rainbow Honor Walk
3 Castro Theatre
4 GLBT History Museum
5 Corona Heights Park

Tour 13

Der Mission District

6 Mission San Francisco de Asis
7 Roxie Theatre & Little Roxie
8 Clarion Alley
9 Women's Building
10 Mission Dolores Park
11 Balmy Alley
12 Precita Eyes Mural Arts & Visitors Center
13 24th Street Mission Station

Der prächtige Kinopalast des Castro Theatre

GLBT History Museum

4 E6]

Das 2008 eröffnete Museum beschäftigt sich in seiner Hauptgalerie in acht Ausstellungen mit der Geschichte der Schwulen- und Lesbenbewegung speziell in San Francisco seit den 1940er-Jahren, aber auch mit prominenten Persönlichkeiten, die bei der Emanzipierung der Bewegung eine Rolle spielten (4127 18th St., Tel. 415-621-1107, www.glbthistory.org/museum; Mo, Mi–Sa 11–18, So 12–17 Uhr, Erw. 5 $, 1. Mi im Monat Eintritt frei.

Corona Heights Park 5 [E6]

Der zwischen Haight-Ashbury und Castro liegende Park zählt zu den weniger frequentierten Grünzonen im Stadtgebiet, obwohl er vor allem im Frühjahr mit Wildblumen üppig ausgestattet ist. Das im Sinne des Wortes herausragende Kennzeichen ist ein ca. 20 m hoher Felsen mit einer glatt polierten Oberfläche. Außer einem Kinderspielplatz, einer Baumschule, BBQ-Stellen und Tennisplätzen kann man sich den Park auf Wanderpfaden erschließen. Vom 158 m hohen »Gipfel« sieht man an klaren Tagen sogar die Höhenlinien der entfernten Sierra Nevada (Roosevelt Way & Museum Way; tgl. 5–24 Uhr).

SEITENBLICK

San Francisco Pride

Die seit 1972 jedes Jahr stattfindende schrill-bunte Parade hat sich zu einer der größten der GLBT-Bewegung entwickelt. Über 100 000 Besucher kommen jährlich am letzten Wochenende im Juni zur San Francisco Pride. Hier wurde auch in den 1970er-Jahren erstmals die Regenbogenflagge geschwenkt und zum Symbol der Homosexuellenbewegung erhoben. Die große Parade mit Festwagen findet auf der Market Street in Downtown statt. Bei keiner öffentlichen Veranstaltung wird so viel nackte Haut und so viel Lack und Leder gezeigt (www.sfpride.org).

Tour 13 Der Mission District

Verlauf: **Mission San Francisco de Asis › Roxie Theatre & Little Roxie › Clarion Alley › Women's Building › Mission Dolores Park › Precita Eyes Mural Arts & Visitors Center › Balmy Alley › 24th Street Misson Station › Twin Peaks**

Karte: siehe S. 126
Dauer / Länge: 3–4 Std. / 5,6 km
Praktische Hinweise

- Wer den Mission District und Umgebung mit modernen Fahrrädern erkunden will, kann diese ausleihen bei Mission Bicycle Company (766 Valencia St., Tel. 415-683-6166, www.missionbicycle.com; Mo bis Sa 11–19, So 11–18 Uhr).
- Von der unterirdischen Powell Street Station im Stadtzentrum fährt die Metro-Linie J zur Haltestelle 18th & Church St. an der Nordwestecke des Dolores Parks.
- Twin Peaks ist von der 24th St. Mission Station mit MUNI-Bus 48 bis Grand View Ave. & 23rd St. und einem kurzen Aufstieg erreichbar.

Tour-Start: Mission San Francisco de Asis 6 [F5]

Die Missionsstation wurde am 9. Okt. 1776 als sechste der 21 kalifornischen Missionsstationen vom spanischen Pater Junípero Serra gegründet. Dem heutigen, aus dem Jahr 1791 stammenden Gebäude, dem ältesten der Stadt, verleihen eine schneeweiße Säulenfassade mit breitem Balkon, Bogenportal und Satteldach ein wuchtiges Äußeres. Kein Wunder, dass die mächtigen Adobemauern alle Feuer und Erdbeben weitgehend unbeschadet überstanden haben und auch das Innere weitgehend erhalten ist (16th & Dolores St., Tel. 415-621-8203, www.missiondolores.org; tgl. 9–16 Uhr, Spende erbeten, Erw. 7 $, Senioren und Kinder 5 $).

Die Innenbemalung der **Kapelle** mit natürlichen Farben ist ebenso original erhalten wie die Deckenbalken aus Redwood-Holz, der reich vergoldete Barockaltar und drei in Mexiko gegossene Glocken in Nischen über dem Eingang. Im hinteren Teil des Museums ist neben sakralen Gegenständen ein Diorama zu sehen, das zeigt, wie man sich das Leben der Native Americans im letzten Viertel des 19. Jahrhunderts vorzustellen hat. San Francisco de Asis war nicht nur eine religiöse Stätte, sondern auch ein Agrarbetrieb, auf dem in der Blütezeit zwischen 1803 und 1814 rund 20 000 Nutztiere gehalten und Feldfrüchte wie Bohnen, Erbsen, Mais, Weizen und Gerste angebaut wurden. Unverzichtbare Arbeitskräfte waren in der Region lebende Indianer, hauptsächlich Ohlone, Bay Miwok, Patwin und Coast Miwok.

Neben der alten Missionskapelle reckt eine 1918 eingeweihte **Basilika** ihre Doppeltürme in den Himmel. Hinter dem steinernen Fassadenschmuck im Stil des spanischen Neobarock öffnet sich ein eher karges Kirchenschiff mit Buntglasfenstern, die Szenen aus der Geschichte

Kapelle und Kirche der Mission San Francisco de Asis

der kalifornischen Missionen darstellen. Im angrenzenden idyllischen **Friedhof** fanden nicht nur kalifornische Pioniere ihre letzte Ruhe, sondern auch ca. 5000 Indianer, die zum Teil zu Zwangsarbeit verpflichtet worden waren und häufig von Europäern eingeschleppten Krankheiten zum Opfer fielen.

Im malerischen **Missionsgarten** wachsen Spezies, die schon im ausgehenden 18. Jh. in der Gegend heimisch waren, so auch im indianischen Garten mit Nutzpflanzen der Ohlone Native Americans.

Roxie Theatre & Little Roxie 7 [F5]

Das 1909 eröffnete Roxie Theatre preist sich selbst als zweitältestes, durchgehend im Betrieb befindliches Lichtspieltheater der Welt. Das 234 Sitzplätze große Kino ist eine lokale Institution und spielt nicht nur mit täglichen Filmvorführungen eine Rolle, sondern trägt auch mit Festivals, Präsentationen und Bildungsprogrammen zum kulturellen Leben bei. Nebenan hat sich das Little Roxie mit einem tollen Soundsystem einen Namen gemacht (3117 16th St., Tel. 415-863-1087, www.roxie.com; Erw. 12 $, Senioren ab 65 J. 8 $).

Clarion Alley 8 [F5]

In dieser schmalen, 170 m langen Gasse sind die Hauswände mit über einem Dutzend **Murals** dekoriert, die politische Ereignisse oder Alltagsszenen plakativ darstellen. Die Open-Air-Galerie geht auf das 1992 gegründete Clarion Alley Mural Project zurück, einer Initiative von lokalen Freiwilligen, an der sich bis heute weit über 100 Künstler beteiligten. Früher war die Clarion Alley ein heruntergekommenes Straßenstück. Die Malereien haben die Passage aufgewertet und zu einer lokalen Sehenswürdigkeit gemacht. Jedes Jahr im Oktober findet vor Ort eine Blockparty statt, bei der neue Murals entstehen (zwischen Mission & Valencia St., www.clarionalleymuralproject.org).

Sozialkritisches Mural in der Balmy Alley

Women's Building ★ 9 [F5]

Das viergeschossige Gemeindezentrum für Frauen hebt die Streetart auf eine neue Ebene. Das vom Fundament bis zur Dachtraufe bemalte Haus zeigt einige der wohl schönsten **Murals** von San Francisco. Sieben Künstlerinnen haben 1994 an den Wänden Abbilder von Frauen aus der ganzen Welt gemalt, die alle eines gemeinsam haben: Sie haben sich, oft auch im Verborgenen, auf die eine oder andere Weise um die Welt und den Frieden verdient gemacht. Dargestellt sind u. a. die guatemaltekische Friedensnobelpreisträgerin Rigoberta Menchú, die palästinensische Friedensaktivistin Hanan Ashrawi, die puertoricanische Revolutionärin Lolita Lebron, die Malerin Georgia O'Keefe, die Schriftstellerin Audre Lorde, aber auch Mystisches wie die aztekische Mondgöttin Coyoxauhqui und Quan Yin, die ostasiatische Göttin der Barmherzigkeit (3543 18th St., Tel. 415-431-1180, www.womensbuilding.org). **50 Dinge (27) › S. 15.**

Mission Dolores Park 10 [F6]

Hauptsächlich an sonnigen Wochenenden wird die beliebte Spielwiese zum Ziel vieler Einwohner aus dem Stadtteil. Die grünen, hie und da im Schatten von Palmen liegenden Rasenflächen laden zum Picknicken oder Sonnenbaden, mehrere Sportstätten zu Aktivitäten unter freiem Himmel ein. Außerdem finden im Park das Jahr über zahlreiche Festivals und Veranstaltungen statt. Vom oberen Ende der Oase blickt man auf die Stadt (19th & Dolores St.; tgl. 6–22 Uhr).

Zwischenstopp: Cafés/Restaurants

Tartine Bakery ❸ €–€€ [f6]

Das ofenfrische Brot der Bäckerei, das u. a. Sorten mit Walnuss, Oliven und Sesam umfasst, kommt aus der eigenen Backstube. Naschkatzen lassen sich von Limonen-Meringue-Kuchen oder Kokosnussmakronen verführen.

- 600 Guerrero St.
  Tel. 415-487-2600
  www.tartinebakery.com
  Mo 8–19, Di–Mi 7.30–10, Do–Fr 7.30–20, Sa–So 8–20 Uhr

Taquería El Farolito ❹ €–€€ [F6]

Kenner behaupten, in diesem rustikalen Lokal gäbe es die besten Burritos auf kalifornischem Boden. Man bekommt aber auch andere mexikanische Spezialitäten von Fajitas über Enchiladas bis zu super Nachos und Tamales.

- 2779 Mission St.
  Tel. 415-824-7877
  Tgl. 10–21.30 Uhr, nur Barzahlung, keine Kreditkarten

Urban Fish 5 € [F6]
Kleines, minimalistisch eingerichtetes Lokal für Fisch- und Seafoodliebhaber, aber auch für Gäste, die glutenfreie und vegetarische Gerichte bevorzugen.
- 2193 Mission St. | Tel. 415-863-4744
  www.perasf.com/urbanfish
  Mo–Sa 11.30–22, So 10–21 Uhr

Shopping

Paxton Gate € [F6]
Selbst schrullige Konsumentenwünsche werden hier erfüllt. Von Riesenkäfern in Holzrahmen, Muscheln und Seesternen lässt man besser die Finger (Zoll!). Sieht man sich in den kuriosen Sammlungen um, findet man in einem der Regale sogar eine gedruckte Rarität, die ratlos und vielleicht sogar fassungslos macht – ein Werk über Tätowierungsvorlagen russischer Krimineller.
- 824 Valencia St. | Tel. 415-824-1872
  So–Mi 11–19, Do–Sa 11–20 Uhr

Casa Bonampak [F6]
Mexikanische Dekorationen, Papierblumen, Kunsthandwerk, jede Menge Tand und Kitsch und politisch Unkorrektes wie mit den Konterfeis von ungeliebten Politikern bedrucktes Toilettenpapier.
- 1051 Valencia St. | Tel. 415-642-4079
  www.casabonampak.com
  Di–Do 11–19, Fr–Sa 11–21, So 12–18 Uhr

Balmy Alley 11 [H6]

Die von Bäumen flankierte 24th Street führt in östlicher Richtung vorbei an typischen Latinogeschäften zur kleinen Balmy Street, auch Balmy Alley genannt. Schon vor über 30 Jahren begannen lokale Künstler, Hauswände, Garagentore und Zäune mit großflächigen **Murals** in eine mitreißende Open-Air-Galerie zu verwandeln, wobei thematisch Menschenrechte und Kritik an der hauptsächlich lateinamerikanischen Politik im Vordergrund standen. Mittlerweile sind andere Themen hinzugekommen wie etwa Naturkatastrophen und Gentrifizierung (Balmy St., 16th St. Bart Station, www.balmyalley.com).

SEITENBLICK

Mission District Murals 11

In San Francisco dekorieren über 1000 Murals Gebäudewände, die größte Konzentration bietet der Mission District. Hauptinitiator der Straßenkunst war Diego Rivera (1886–1957), einer der bedeutendsten Maler der Moderne in Mexiko. Zu Beginn der 1930er-Jahre hielt er sich in San Francisco auf und fertigte seine ersten drei Wandgemälde auf amerikanischem Boden an. Dieses Genre fand in den folgenden Jahren und Jahrzehnten u. a. dadurch weite Verbreitung, weil die Entwicklung heller und vor allem wetterbeständiger Acrylfarben dauerhafte Murals erst möglich machte.

Bekanntestes Murals-Gebäude ist das **Women's Building** in der 18th St. › **S. 130**, eine große Ansammlung solcher Kunstwerke findet man in der **Clarion Alley** › **S. 129** und in der **Balmy Alley** › **oben**. Und wer tiefer in die Materie eintauchen will, wendet sich an **Precita Eyes Muralists** › **S. 132**.

Der Blick von den Twin Peaks – fast wie beim Anflug auf San Francisco

Precita Eyes Mural Arts & Visitors Center 12 [H6]

Die Organisation sponsert und verwirklicht seit Jahren künstlerische Projekte hauptsächlich im Mission District, darüber hinaus aber auch in anderen US-Bundesstaaten und sogar im Ausland. Fachkundige Mitarbeiter und Mitarbeiterinnen veranstalten gut zweistündige Führungen im Stadtteil, bei denen die Teilnehmer einen Überblick über die vor Ort existierenden Mural-Galerien bekommen (2981 24th St., Tel. 415-285-2287, www.precitaeyes.org; Erw. 20 $, Senioren ab 65 J. 10 $, Kinder 12–17 J. 6 $).

24th Street Mission Station 13 [F6]

Die unterirdische Schnellbahnstation (BART) befindet sich an einer der großen Straßenkreuzungen im Mission District. In dieser Gegend befand sich bereits in den 1940er-Jahren das Geschäfts- und Bevölkerungszentrum des Mission District, als Mexikaner nach San Francisco strömten, um im Hafen und diversen Industriebetrieben zu arbeiten. Heute umlagern kleine Läden, Taco-Imbissen, Cafés und Discount-Geschäfte den Kern des quicklebendigen Viertels, von wo aus man mit den BART-Bahnen schnell und einfach ins Stadtzentrum zurückkehren kann (Mission & 24th St., www.bart.gov/stations/24th).

Twin Peaks 12 [E6]

Dass die spanischen Missionare, die San Francisco gründeten, Probleme mit ihrem zölibatären Leben hatten, beweisen die Twin Peaks im Südwesten des Stadtzentrums. Sie tauften die prominenten Doppelgipfel auf den Namen *Los Pechos de la Chola,* was so viel wie »Die Brüste des Indianermädchens« bedeutet. Heute zählen die 276 m bzw. 277 m hohen Hügel zu den besten Aussichtspunkten. Aus luftiger Höhe genießt man ein Panorama mit Stadt, Bay Area und Pazifik. Abends herrscht auf dem Gipfelparkplatz regelmäßig großes Gedränge.

Am Rodeo Beach in den Marin Headlands

AUSFLÜGE & EXTRA-TOUREN

Kleine Inspiration

- **Ein Picknick machen** bei der Battery Wallace, einem der schönsten und mit Tischen und Grills ausgestatteten Plätze in Marin Headlands – mit Blick auf die Golden Gate Bridge › S. 134
- **Sandburgen bauen** im feinen Sand von Stinson Beach ist eine bewährte Methode für Urlaubsspaß und Stressabbau › S. 138
- **Inselflair genießen** bei einer Wander- oder Radtour auf Angel Island › S. 141
- **Eliteuniversiätsflair einatmen** im altehrwürdigen Berkeley › S. 143

Ausflüge

Marin Headlands 1

Karte: siehe S. 144
Dauer: 2–4 Std.
Praktische Hinweise:

- Der Tunnel auf der letzten Wegstrecke zum Point Bonita Lighthouse ist nur zu den Öffnungszeiten des Leuchtturms zugänglich.
- Sonn- und feiertags kann man mit dem MUNI-Bus 76X etwa von der Haltestelle Sutter & Sansome St. in San Francisco zum Rodeo Beach fahren.

Marin Headlands: zerborstene Steilküsten, an denen seit Äonen die Pazifikbrandung nagt, windgebürstete Hügel, kaum zugängliche Buchten. Die Küstenlandschaft im äußersten Südwesten des Marin County nördlich der Golden-Gate-Brücke liegt zwar in Sichtweite der Großstadt und ist an ihrem Landschaftscharakter gemessen doch weit von ihr entfernt. **50 Dinge (33) › S. 16.**

Seit 1855 leitet das **Point Bonita Lighthouse** ★ Schiffe durch die trügerischen Gewässer um das Goldene Tor. Man erreicht den Leuchtturm auf einem ca. 800 m langen, zum Teil abschüssigen Pfad. Er führt zu einem Tunnel, der 1876 von chinesischen Arbeitern in den Fels geschlagen wurde, die zuvor im Eisenbahnbau beschäftigt waren. Hinter dem Tunnel quert man über schroffen Felsen und schaumigen Brechern eine schlingernde Hängebrücke, die früher aus Metall bestand, dann aber aus tropischem Hartholz gebaut wurde, um die durch die salzige Luft beförderte Korrosion zu stoppen. Im 38 m hohen Leuchtturm ist ein kleines Museum eingerichtet. Ein Schaubild an der Wand zeigt, wo und wie viele Schiffe in der Bucht schon gesunken sind (Sa–Mo 12.30 bis 15.30 Uhr). Nordwestlich vom Leuchtturm kommt man auf einem Pfad zu zwei militärischen Relikten: zur an der Steilküste strotzenden **Battery Mendell** von 1901/1902 und der fast 20 Jahre jüngeren **Battery Wallace,** die nicht nur feindliche Schiffe, sondern auch Angriffe aus der Luft abwehren sollte.

Wer eine Auszeit von Meer und Natur braucht, kann auf dem Campus des **Headlands Center for the Arts** Kultur tanken (nach Umbau Wiedereröffnung 2. Hälfte 2017, Aktuelles unter www.headlands.org). Schriftsteller, Maler und Bildhauer arbeiten und wohnen dort und stellen ihre Werke in Gebäuden des ehemaligen Fort Barry aus (Visitor Center › **S. 135**).

Rodeo Beach mit seinen unterschiedlich farbigen Kieselsteinen trennt die Rodeo-Lagune vollständig vom Pazifik und schafft damit ein Refugium, in dem sich viele Vogelarten wohlfühlen. Für Fotografen ist das südliche Ende des Strandes hauptsächlich gegen Abend ein Bilderbuchplatz, weil sich dann die von der Brandung umspülten schwarzen Felsinselchen gegen den immer farbiger werdenden Himmel abheben. Auf der Nordseite der Rodeo-Lagune stehen die Gebäude des ehemaligen **Fort Cronkhite,** das Ende der 1930er-Jahre erbaut wurde, um die Bucht von San Francisco zu schützen.

Nördlich der Rodeo Lagoon werden im **Marine Mammal Center,** der kleinen Auffangstation, kranke oder verletzte Seelöwen und Seeelefanten von fast der gesamten kalifornischen Küste aufgepäppelt und danach, wenn möglich, wieder in die Freiheit entlassen. Bei Führungen erfährt man Interessantes über die Meeressäuger (2000 Bunker Rd., Tel. 415-289-7325, www.marinemammalcenter.org; tgl. 10–16 Uhr, Eintritt frei, Audio-Guide-Touren sowie Führungen Erw. 9 $, Senioren ab 65 J. und Kinder 5–17 J. 5 $, Hinter-den-Kulissen-Touren jeden 1. u. 3. Sa im Monat 12 u. 14 Uhr).

Info

Marin Headlands Visitor Center
- Building 948 | Fort Barry
  Tel. 415-331-1540
  www.nps.gov/goga/marin-headlands.htm

Unterkunft

HI Marin Headlands Hostel €
Für Stadtflüchtige ein richtiges Refugium mitten im Grünen. Man kann in Mehrbett- oder in Privatzimmern mit Etagenbad günstig übernachten und in der Gemeinschaftsküche sein eigenes Mahl zubereiten. Zum Strand sind es nur 1,6 km. Gratis-WLAN.
- 941 Rosenstock Rd.
  Golden Gate Recreational Area
  Tel. 415-331-2777
  www.hiusa.org/hostels/california/sausalito

Das Point Bonita Lighthouse thront auf einer schroffen Klippe an der Steilküste

Sausalito 2

Karte: siehe S. 144
Dauer: 3–4 Std.
Praktische Hinweise:

- Stressfrei kommt man mit den mehrmals täglich verkehrenden Ausflugsschiffen der Blue & Gold Fleet von Pier 41 in Fisherman's Wharf zum Sausalito Ferry Terminal (www.blueandgoldfleet.com/ferry/sausalito; Erw. 12,50 $, Kinder u Senioren 7,50 $ einfache Fahrt).
- In Sausalito liegen die Temperaturen nicht selten um 4–5 °C über denen in San Francisco, weil der Ort auf seiner Ostseite zum Pazifik hin durch Bergrücken geschützt ist.

Es sind nicht so sehr Sehenswürdigkeiten, die Besucher nach Sausalito (7000 Einw.) locken. Es ist mehr die geradezu mediterrane Kleinstadtatmosphäre mit Boardwalk direkt an der Wasserkante, Jachthafen, hübschen Gebäuden wie dem Sausalito Hotel, Geschäften und Kunstgalerien, die zum entspannten Flanieren einladen. Nur ein paar Schritte von der Schiffsanlegestelle entfernt, zieht der dreieckige **Vina del Mar Park** Blicke nicht nur mit turmhohen Palmen auf sich, sondern in erster Linie mit einem hübschen Brunnen und zwei Elefantenskulpturen. Dabei handelt es sich um Kopien von Werken des Architekten William B. Faville aus Sausalito, der zur Panama-Pacific International Exposition 1915 zwölf solcher Elefanten beigesteuert hatte.

In einer Halle ist das große **San Francisco Bay Model** untergebracht, das mit einer Nachbildung der San Francisco Bay demonstriert, welche Strömungsverhältnisse in der Bucht herrschen. Die Anlage wurde vom U.S. Army Corps of Engineers gebaut, um Wissenschaftler und Lehrkräfte, die für Schulklassen Führungen veranstalten, mit der Bucht vertraut zu machen (2100 Bridgeway, Tel. 415-332-3871; Di–Sa 9–16 Uhr, Eintritt frei).

Eine etwas versteckte Attraktion des Städtchens liegt nördlich des Zentrums im **Waldo Point Harbor.** Seit über einem halben Jahrhundert dümpeln dort die auf mehrere schwimmende Piers verteilten **Sausalito Floating Homes** im Wasser. Als dort 1945 ein Werftgelände geschlossen wurde, zogen Arbeiter, aus dem Krieg zurückgekehrten Veteranen, Musiker und Künstler in die dort liegenden Schiffe und funktionierten sie zu Wohnungen um. In den folgenden Jahrzehnten verwandelte sich die Hausbootkolonie in ein regelrechtes Viertel mit teils stattlichen schwimmenden Residenzen und teils ziemlich heruntergekommenen Domizilen der Marke Eigenbau. Einige Tore zu den Piers sind in der Regel geöffnet, sodass man das auf schwankendem Boden stehende Viertel besichtigen kann (www.waldopointharbor.net).

Info

Sausalito Visitor Information Kiosk

- El Portal St. | Ferry Pier
  Tel. 415-331-1093
  www.sausalito.org

Unterkunft

Hotel Sausalito €€€

Der pittoreske Missionsstil des 1915 erbauten Hotels macht es zu einem Hingucker. Nachdem Jahrzehnte Matrosen, Schnapsschmuggler, Eisenbahnarbeiter und zwielichtige Figuren das Haus frequentiert hatten, wurde es seit den 1960er-Jahren eher zu einer Künstlerbleibe. Sie bietet ihren Gästen 14 Zimmer und zwei Suiten. An Komfort bleibt nichts zu wünschen übrig.

- 16 El Portal | Tel. 415-332-0700
  www.hotelsausalito.com

Restaurant

Fred's Coffee Shop €–€€

Wer in Sausalito am Vormittag hungrig ankommt, kann seinen Zustand bei Fred verbessern. Wer typisch amerikanisches Frühstück lieber meidet und Holzfällerportionen nicht mag, sollte einen großen Bogen um das Lokal schlagen. Draußen in der Sonne schmeckt es besonders gut.

- 1917 Bridgeway | Tel. 415-332-4575
  Tgl. 7–14.30 Uhr

Muir Woods 3 ★

Karte: siehe S. 144
Dauer: ½ Tag
Praktische Hinweise:

- Wer mit dem Mietwagen in die Muir Woods fährt, sollte in sein Navi statt »Muir Woods« das Ziel »1 Muir Woods Rd., Mill Valley CA« eingeben. Ratsam ist, den Besuch so früh wie möglich zu beginnen, weil später die Parkplätze schnell belegt sind.
- Die insgesamt 10 km langen Wanderwege teilen sich in drei Touren: eine 30-Min.-Runde, einen 1-Std.-Weg sowie eine Schleife, für die man ca. 2 Std. braucht.
- Mai–Okt. kann man an Wochenenden und feiertags mit dem Muir Wood Shuttle ab Sausalito zu den Riesenbäumen fahren. Die Tickets für hin und zurück kauft man zusammen mit dem Parkeintritt erst im Muir Woods Visitor Center (ab 16. J. 5 $, 15 J. und jünger frei). Am einfachsten fährt man mit der Blue & Gold Fleet von Pier 41 in San Francisco zum Sausalito Ferry Terminal › **S.136** und steigt dort in den Shuttle ein.

Redwood-Urwald in den Muir Woods

Ehrfurcht komm auf, wenn man das Schutzgebiet betritt und plötzlich zwischen den riesigen Küstenmammutbäumen (Redwoods) steht, die schon ihre Schatten warfen, lange bevor Kolumbus seine erste Amerikareise unternahm. Auch das mit über 1000 Jahren älteste Exemplar hat mit Hunderten anderer die flächendeckende Abholzung überlebt, weil sich vorausschauende Naturschützer schon 1908 für die Gründung des Parks einsetzten.

Das nach dem Naturforscher John Muir benannte Waldgebiet an den Flanken des Mount Tamalpais zieht sich am Redwood Creek entlang und ist mit insgesamt 10 km Wanderwegen erschlossen, die zumindest im Kern des Parks gut ausgebaut sind. Da das National Monument meistens gut besucht ist, muss man schon Glück haben, einen Koyoten, Rehwild oder sogar einen Rotluchs zu entdecken. **50 Dinge** (10) › **S. 13.**

SEITENBLICK

Mammutbäume

In Kalifornien kommen zwei Arten von Mammutbäumen vor: An den Westflanken der Sierra Nevada haben kleinere Haine von Riesenmammutbäumen (auch Bergmammutbaum, *Sequoia gigantea)* überlebt, die vor allem durch ihre atemberaubend mächtigen Stämme imponieren und bis zu 95 m hoch werden. Küstenmammutbäume *(Sequoia sempervirens)* wie in den Muir Woods werden bis zu 115 m hoch, stehen aber auf weniger ausladenden Stämmen.

Info

Muir Woods Visitor Center

- 1 Muir Woods Rd. | Mill Valley
  Tel. 415-388-2595
  www.nps.gov/muwo
  Ganzj. 8–17 bzw. 18 Uhr (im Sommer); ab 16 J. 10 $, Kinder 15 J. und jünger Eintritt frei, keine Tiere und Fahrräder, kein Smartphone-Netz.

Restaurant

Muir Woods Trading Company

Einfaches Café, in dem man sich mit Sandwiches, Obstsalat, Gebäck und warmen Snacks stärken kann. Mit Souvenirshop. **50 Dinge** (42) › **S. 17.**

- Am Parkeingang | Tel. 415/388-7059
  www.muirwoodstradingcompany.com
  Öffnungszeiten wie der Park (s. o.).

Stinson Beach ★ 4

Karte: siehe S. 144
Dauer: 3–4 Std.
Praktische Hinweise:

- Stinson Beach liegt ca. 40 Autominuten von der Golden Gate Bridge entfernt. Schon die Fahrt durch die reizvolle Landschaft ist ein Highlight.
- Informationen zu Stinson Beach: www.stinsonbeachonline.com.
- Der südlich von Stinson Beach gelegene Red Rock Beach ist ein *Clothing Optional Beach,* wie man in den USA FKK-Strände nennt.
- Einen Ausflug nach Stinson Beach kann man einfach mit einem Besuch der Muir Woods › **S. 137** verbinden, da das National Monument quasi auf derselben Strecke liegt.

Wegen seiner Abgeschiedenheit und seinem ländlichen Flair ist das knapp 700 Einwohner zählende verträumte Örtchen ein beliebtes Ausflugsziel. Wegen vieler hübscher Häuser mit Gärtchen hinter schneeweißen Lattenzäunen und der hektikfernen, lockeren Atmosphäre übrigens auch. Einen Boom erlebte das Dorf nach dem großen Erdbeben 1906, als zahlreiche Einwohner der Stadt den Rücken kehrten und sich in Stinson Beach niederließen. Heute wohnen dort vor allem Angloamerikaner, wobei der relativ hohe Altersdurchschnitt darauf hinweist, dass sich ein gutes Drittel der Bevölkerung den schmucken Ort als Altersruhesitz ausgesucht hat.

Stinson Beach ist durch die **Bolinas Lagoon** vom westlichen Nachbarort Bolinas, dem ältesten Ort im Marin County, getrennt. Eine »Demarkationslinie« nicht wie jede andere. Denn die Wasserfläche, an der jedes Jahr im Frühjahr Fisch- und Silberreiher nisten, hat tektonische Bedeutung, weil sie als Teil der berühmt-berüchtigten San-Andreas-Verwerfung die Nordamerikanische von der Pazifischen Platte trennt. So gesehen liegen die beiden nur etwa einen Kilometer voneinander entfernten Ortschaften auf unterschiedlichen Kontinenten.

Die Lagune ist über eine schmale Passage mit dem Pazifik verbunden, was dafür sorgt, dass zwischen den beiden Nachbarorten keine Landverbindung besteht und nach **Bolinas** nur eine einzige Straße führt, was dem Städtchen geradezu Inselcharakter verschafft.

Landbrücke am Stinson Beach

Restaurant

Parkside Cafe Restaurant €–€€

Das Lokal zollt seiner Küstenlage mit seiner Menükarte Tribut, auf der zahlreiche unterschiedliche Fisch- und Seafood-Gerichte auftauchen. Die Frühstücksbrötchen stammen aus der eigenen Bäckerei. Im Inneren kann man neben einem Kamin sitzen, draußen auf einer lauschigen Terrasse – falls das Wetter mitmacht.

- 43 Arenal Ave. | Tel. 415-868-1272
  www.parksidecafe.com
  Tgl. 7.30–21 Uhr

Unterkunft

Redwoods Haus B&B €€

Nur einen Straßenblock vom Strand entfernte nette Unterkunft. Manche Zimmer haben eine Terrasse mit Blick auf das Meer oder in die Berge. Etagenbad, kostenfreies WLAN und Kabel-TV. In der Gemeinschaftsküche kann man sich seine Lieblingsspeisen selbst zubereiten.

- Belvedere & Hwy. 1
  Tel. 415-868-1034
  www.stinson-beach.com

Tiburon 5

Karte: siehe S. 144
Dauer: ½–1 Tag
Praktische Hinweise:

- Mit den Schiffen der Blue & Gold Fleet erreicht man Tiburon von Pier 41 aus in 20 Min. (www.blueandgoldfleet.com/ferry/tiburon; Erw. 11,50 $, Senioren ab 56 J. und Kinder 5–11 J. 6,75 $ einfache Fahrt).
- Fähren verkehren von Tiburon in 10 Min. nach Angel Island (21 Main St., Tel. 415-435-2131, www.angelislandferry.com; hin und zurück ab 13 J.15 $, Senioren ab 65 J.14 $,Kinder 6–12 J. 13 $, Kinder 3–5 J. 5 $, Fahrräder 1 $).
- Informationen zu Tiburon: www.destinationtiburon.org.
- Im Sommer findet jeden letzten Freitag im Monat auf der gesperrten Main Street ein populäres Straßenfest statt, Restaurants räumen dann Tische und Stühle ins Freie (Mai–Sept. 18–21 Uhr).

Um sich von der Stadthektik zu erholen, ist ein Ausflug nach Tiburon (9000 Einw.) an der nördlichen Bucht genau das Richtige. Bei schönem Wetter kommt man sich in den Straßen auf der lang gestreckten Halbinsel vor wie in einem typischen Ferienort. Parallel zur Main Street verläuft im Zentrum die malerische **Ark Row**. Dabei handelt es sich um etwa ein Dutzend Hausboote vom Ende des 19. Jhs., die zu permanenten Geschäften, Restaurants und Büros umgebaut wurden und den Straßenzug heute mit einem reizenden Flair ausstatten. Die Hausnummern 104 A und 104 B bestehen sogar aus zwei Hausbooten, die übereinandergesetzt wurden. Vor 150 Jahren befand sich hinter der Ark Row noch eine Lagune, auf der die schwimmenden Heime Seeleuten, Künstlern und Arbeitern als Wohnsitz dienten.

Die Eisenbahngeschichte der Stadt begann 1884, als die San Francisco & North Pacific Railroad per Eisenbahnfähre bis nach Tiburon verlängert wurde, um das nördliche Kalifornien an das Bahnnetz anzuschließen. Der letzte Zug verließ den Terminal 1967, worauf die Endhaltestelle samt ihrer Instandhaltungsgebäude immer mehr verfiel, bis 1999 das **Railroad & Ferry Depot Museum** gegründet wurde. Eine detaillierte Modelleisenbahnanlage zeigt, wie der städtische Schienenverkehr im ersten Jahrzehnt des 20. Jhs. verlief. Im Obergeschoss ist die Wohnung des einstigen Stationsvorstehers so eingerichtet, wie sie 1913 bis 1940 aussah (1920 Paradise Dr., Shoreline Park, www.landmarkssociety.com; Mi–So 13–16 Uhr).

An der Belvedere-Uferpromenade hat ein seltenes nautisches Ausstellungsstück auf einem Pier seinen Platz gefunden: Die **China Cabin** ist ein viktorianischer Erste-Klasse-Salon, der ursprünglich Teil des Schaufelraddampfers »S. S. China« war, der Passagiere und Post zwischen San Francisco und Yokohama bzw. Hongkong transportierte. Das Schiff wurde 1879 abgewrackt, erhalten aber blieb der Salon wegen seiner gewölbten Decken, aufwendigen Holzarbeiten aus Walnuss, geätzten Glasfenstern und Messing-Kronleuchtern. Heute wird der repräsentative Raum für Veranstaltungen vermietet (52 Beach Rd., Tel. 415-435-1853, www.landmarkssociety.com; April–Okt. Sa–So 13 bis 16 Uhr, 5 $/Pers.).

Obwohl in ziemlich exponierter Lage auf einem Hügel stehend, hat **Old St. Hilary's** seit 1888 alle Stürme und Wetterkapriolen unbeschadet überstanden. Die hübsche, schneeweiße Kapelle mit Satteldach und Wänden aus Redwood-Paneelen im Inneren gilt als Traumdestination für Hochzeiten. Steht man an einem erhöhten Standort ein paar Schritte hinter der Kirche, reicht der grandiose Blick an Angel Island vorbei über die Bucht bis auf die Skyline von San Francisco.

Angel Island

Nur 10 Minuten dauert die Überfahrt von Tiburon nach Angel Island, eine gut 3 km^2 große Insel, auf der schon vor über einem halben Jahrhundert ein Naturschutzgebiet eingerichtet wurde. Besucher können auf 20 km langen Wanderpfaden und 13 km Radpisten um den 240 m hohen **Mount Livermore** das Inselflair genießen. Angel Island hat eine bewegte Geschichte hinter sich. Schon vor 3000 Jahren ein Fischerei- und Jagdgebiet der Miwok-Indianer, später ein Refugium des spanischen Entdeckers Juan Manuel de Ayala und eine Rinderranch, richtete die US-Einwanderungsbehörde 1863–1962 eine Empfangsstation v. a. für Zuwanderer aus China ein. Im Zweiten Weltkrieg wurden dort japanische und deutsche Kriegsgefangene interniert.

Unterkunft

The Lodge At Tiburon €€–€€€

Das gediegene Haus liegt sehr zentrumsnah mit kurzen Wegen zu Restaurants und Geschäften. Mit geräumigen Zimmern, einem Außenpool mit Whirlpool und einer großen Sonnenterrasse wird das Hotel auch gehobenen Ansprüchen gerecht.

- 1651 Tiburon Blvd. | Tel. 415-435-3133 www.lodgeattiburon.com

Restaurant

Sam's Anchor Café €€

Die Küche hat sich auf Fisch- und Seafood-Gerichte spezialisiert. Wem der Sinn eher nach Ribeye Steak, nach Chicken Wings oder Pilz-Lasagne steht, wird auch zufrieden sein. Besonders stimmungsvoll ist ein Lunch oder Dinner auf der Terrasse direkt am Hafen.

- 27 Main St. | Tel. 415-435-4527 Mo–Fr 11–24, Sa–So 9.30–24 Uhr

Das verträumte Hafenstädtchen Tiburon

Oakland & Berkeley

Karte: siehe S. 144
Dauer: 1 Tag
Praktische Hinweise:

- Oakland und Berkeley sind per BART mit San Francisco verbunden. Die Fahrt von Downtown nach Oakland dauert 15 Minuten, nach Berkeley eine knappe halbe Stunde. Von den zwei Stationen in Berkeley liegt eine in Campusnähe. Ab Transbay Temporary Terminal fahrende Busse brauchen nach Oakland eine Viertel-, nach Berkeley eine Dreiviertelstunde.
- Auf der Straße ist die einfachste Verbindung zwischen San Francisco und der East Bay die Oakland Bay Bridge. Brückenmaut wird nur in westlicher Fahrtrichtung fällig (Mo–Fr 5–10 und 15–19 Uhr 6 $, am Wochenende 5 $, sonst 4 $).
- Infos zu Oakland: www.visitoakland.com; zu Berkeley: www.visitberkeley.com.

Oakland und Berkeley, die beiden Nachbarstädte an der East Bay, sind zwei ungleiche Schwestern. Das 415 000 Einwohner große Oakland ist mit einem der größten Tiefwasserhäfen der USA eine Industrie- und Arbeiterstadt, die schon im 19. Jh. als westlicher Endpunkt der ersten transkontinentalen Eisenbahn einen wichtigen Verkehrsknotenpunkt bildete. Berkeley mit 112 000 Einwohnern hingegen besitzt eine der renommiertesten Universitäten der USA.

Oakland 6

Die Stadt bietet einen spannenden Architekturmix: Einerseits ist da Jack Londons altes **Blockhaus** aus dem Klondike von 1897/98 und ein paar Schritte entfernt die urige Hafenkneipe **Heinold's First and Last Chance** von 1883, eine Mischung aus Museum, Gerümpelladen und Wildwest-Saloon (48 Webster St. & Jack London Sq., www.heinoldsfirstandlastchance.com). Andererseits stellt die 2008 eingeweihte **Cathedral of Christ the Light** ein atemberaubendes Beispiel zeitgenössischer Architektur aus Glas, Holz und Beton dar (2121 Harrison St., www.ctlcathedral.org).

Zwischen Gestern und Heute gibt es viele Art-déco-Gebäude aus den 1930ern wie das **Paramount Theater** (2025 Broadway, www.paramounttheatre.com). Sehenswert ist auch das **Fox Theater** von 1928 mit einer dekorativen Fassade und prächtigem Interieur (1807 Telegraph Ave., www.thefoxoakland.com). An Kulturtempeln bietet die Stadt das **Oakland Museum of California** mit Wechselausstellungen über Kunst, Geschichte und Naturwissenschaften (1000 Oak St., BART-Station Lake Merritt, www.museumca.org; Mo u. Di geschl.).

Das **Chabot Space & Science Center** ist mit einem Planetarium und drei großen Teleskopen ausgestattet (10000 Skyline Blvd., www.chabotspace.org; Mi–So 10–17 Uhr).

Von Juni bis November kann man drei Stunden lang mit der **USS Potomac,** der ehemaligen Jacht von US-Präsident Franklin D. Roose-

Karte
S. 144

Die Shoppingmeile Telegraph Avenue in der Universitätsstadt Berkeley

velt, durch die Bucht von San Francisco kreuzen (540 Water St., www.usspotomac.org; Erw. 75 $, Senioren 60 $, Kinder 2–12 J. 50 $). Und nicht nur etwas für Familien ist der preisgekrönte **Oakland Zoo** › S. 29.

Berkeley 7

Herz und Seele der Stadt ist der Campus mit ca. 37 000 Studenten. Als Wegweiser auf das reizvolle Gelände dient der 94 m hohe **Sather Tower** im Stil eines Campanile. Ein Lift bringt Besucher auf die Aussichtsplattform, von wo der Blick in alle Richtungen reicht. Ein weiteres Wahrzeichen ist das patinagrüne **Sather Gate,** das über den Strawberry Creek zur Sproul Plaza führt. In der 1917 erbauten **Wheeler Hall** befindet sich der größte Hörsaal der Uni, der während der 1960er-Studentenproteste eine große Rolle spielte. Damals setzten sich die Demonstranten für Redefreiheit und gegen den Vietnamkrieg ein. Im Mai 1968 schwappten die Proteste auch nach Europa über. Die **Gilman Hall** beherbergt das Chemie-College, wo 1941 Plutonium als neues Element identifiziert wurde.

Und mit dem **Berkeley Art Museum & Pacific Film Archive** (www.bampfa.berkeley.edu) und dem **Phoebe A. Hearst Museum of Anthropology** (http://hearstmuseum.berkeley.edu) sind zwei hochrangige Museen zur Kunst und Menschheitsgeschichte nicht weit entfernt.

Wer sich vom Prüfungsstress oder anstrengenden Seminaren ausruhen will, trifft sich mit Kommilitonen auf einer **Memorial Glade** genannten Grünfläche. Weiter westlich wurde 1882 ein Wald mit heute stattlichen australischen Eukalyptusbäumen gepflanzt. Westlich an den Campus schließt sich Downtown um den **Civic Center Park** an, wo man die im französischen Renaissancestil 1909 erbaute **Old City Hall** im Blick hat. Wer zur Abwechslung zum Shoppen gehen will, ist auf der **Telegraph Avenue** zwischen Bancroft Way und Dwight Way bestens aufgehoben.

Extra-Touren

Tour 14

Napa und Sonoma Valley

San Francisco › Napa › Darioush Winery › Yountville › Rutherford › St. Helena › Calistoga › Geyserville › Santa Rosa › Glen Ellen › Sonoma › San Francisco

Tour 15

Zur Point Reyes National Seashore

San Francisco › Muir Beach › Stinson Beach › Olema › Bear Valley Visitor Center › Limantour Beach › Point Reyes Lighthouse › Stinson Beach › Muir Woods N. M. › San Francisco

Extra-Touren

Tour 14 Drei Tage Weinregionen: Napa und Sonoma Valley

Verlauf: **San Francisco › Napa › Darioush Winery › Yountville › Rutherford › St. Helena › Calistoga › Geyserville › Santa Rosa › Glen Ellen › Sonoma › San Francisco**

Dauer/Länge: 3 Tage/310 km
Verkehrsmittel: Die gesamte Tour absolviert man am besten mit einem Mietwagen, weil dann auch Abstecher zum einen oder anderen Ziel kein Problem sind. Private Unternehmen bieten spezielle Weintouren mit Limousinen oder per Trolleybus an, bei denen man von einer Weinprobe zur nächsten chauffiert wird und sich über seine Fahrtüchtigkeit keine Gedanken machen muss. Eine kürzere Strecke kann man auch mit dem Napa Valley Wine Train (http://winetrain.com) zurücklegen.

Wer die beiden Weintäler nördlich von San Francisco kennenlernen will, muss seine Zeit nicht notwendigerweise in Probierstuben einiger der ca. 600 Winzerbetriebe bei Cabernet Sauvignon, Zinfandel und Chardonnay verbringen. Am besten man beginnt die Autotour im südlichen Napa Valley. Hauptstrecke ist zwar Hwy. 29. Aber der parallel verlaufende Silverado Trail ist die landschaftlich attraktivere und weniger befahrene Route, von der man über kurze Abstecher auch Ziele am Hwy. 29 erreichen kann. Beste Jahreszeit für eine entspannte Tour sind die Monate August, September und Oktober.

1. Tag: Von **San Francisco** aus erreicht man über die Oakland Bay Bridge auf dem Hwy. 80, vorbei an **Oakland** › **S. 142** und **Berkeley** › **S. 143**, das am Napa River gelegene Städtchen **Napa**. Mit 80 000 Einwohnern ist es die größte Kommune im Tal und gleichzeitig mit Hotels, Restaurants, Probierstuben und Shoppingmöglichkeiten das einzige »urbane« Zentrum, das diesen Namen verdient. Dass im Weintal nicht gekleckert, sondern geklotzt wird, beweist zumindest architektonisch die **Darioush Winery** (4240 Silverado Trail, www.darioush.com), die ihre Probierstube mit antiken Säulen, Skulpturen und reflektierenden Pools im Las-Vegas-Stil umgibt.

Die 3000-Seelen-Gemeinde **Yountville** hat sich als kulinarisches Mekka einen Namen gemacht. Dafür verantwortlich ist in erster Linie Thomas Kellers berühmtes Restaurant The French Laundry mit drei Michelinsternen

Hervorragende Tropfen reifen in Napa Valley

(6640 Washington St., www.thomaskeller.com/tfl; €€€). Zu seinem Imperium gehört auch das Bistro Bouchon (6534 Washington St.) im Ort. Dass vielerorts im Napa Valley Hollywoodglamour herrscht, beweist u. a. das Weingut Inglenook, das seit 1975 dem Starregisseur Francis Ford Coppola gehört (1991 St. Helena Hwy., Rutherford, www.inglenook.com). »Schatzinsel«-Fans legen in **St. Helena** im Robert Louis Stevenson Museum einen Stopp ein, wo eine riesige Memorabilenammlung an den berühmten schottischen Schriftsteller erinnert (1490 Library Lane, www.stevenson museum.org). Wem der Sinn eher nach Outdoorspaß steht, begibt sich auf den Stevenson Memorial Trail, der vom Parkplatz am Hwy. 29 auf den 1324 m hohen Gipfel des Mt. St. Helena führt (hin und zurück 16 km).

2. Tag: Essen und Trinken haben natürlich auch in St. Helena ihre Zitadellen. Zum Beispiel das Culinary Institute of America at Greystone, das berühmteste Kochinstitut Amerikas, das nicht nur Kochnachwuchs schult, sondern auch Gäste bewirtet (2555 Main St., www.ciachef.edu/cia-california). Der 1876 gegründete Winzerbetrieb Beringer Vineyard (2000 Main St., www.beringer.com) war nach Ende der Prohibition (1920–1933) der erste Weinproduzent, der Weinproben anbot und damit eine Entwicklung in Gang setzte, die Napa zu einer weltbekannten Destination machte.

In einem großen Bogen über **Calistoga** und **Geyserville** kommt man in das nördliche Sonoma Valley, von wo der Hwy. 101 Richtung Süden nach **Santa Rosa** führt, wo die »Peanuts«-Helden Charlie Brown, Snoopy und Lucy im Charles M. Schulz Museum zu Hause sind (2301 Hardies La., http://schulzmuseum.org). In der Stadt biegt man auf die U.S. 12 ab und erreicht in **Glen Ellen** den Jack London State Historic Park, wo der Schriftsteller mit seiner Frau bis zu seinem Tod 1916 lebte und in der Nähe des abgebrannten Wolf House bestattet ist (2400 London Ranch Rd., Glen Ellen, Tel. 707-938-5216, www.jacklondonpark.com; 9.30–17 Uhr, Pkw 10 $, Cottage Erw. 4 $, Senioren ab 62. J. 2 $, Kinder 13–18 J. 2 $).

3. Tag: Keimzelle von **Sonoma,** dem Hauptort im Sonoma Valley, war 1823 die Gründung der Mission San Francisco Solano als 21. und damit letzte spanische Missionsstation auf kalifornischem Boden. Sie ist heute Teil des Sonoma State Historic Park (114 E. Spain St., Tel. 707-938-9560; tgl. 10 bis 17 Uhr, Erw. 3 $, Kinder 2 $), der mehrere historische Gebäude umfasst. Die Missionsstation selbst macht mit ihren weiß getünchten Adobemauern einen authentischen Eindruck. Das gilt für den ganzen hübschen Ort mit seiner Plaza, der im Unterschied etwa zu Napa viel bodenständiger daherkommt mit einladenden Shops, Einkaufspassagen und üppigem Blumenschmuck. Außerhalb lohnt sich der Besuch von Lachryma Montis, der viktorianischen Residenz des mexikanischen Generals Mariano Guadalupe Vallejo, der während der mexikanischen Ära für die Verwaltung der Region zuständig war (363 Third St. W.).

Von Sonoma erreicht man mit dem Auto in weniger als einer Stunde über den Hwy. 101 und die Golden Gate Bridge **San Francisco.**

Tour 15 Drei Tage Pazifik: Zur Point Reyes National Seashore

Verlauf: **San Francisco › Muir Beach › Stinson Beach › Olema › Bear Valley Visitor Center › Limantour Beach › Point Reyes Lighthouse › Stinson Beach › Muir Woods National Monument › San Francisco**

Dauer / Länge: 3 Tage / 330 km
Verkehrsmittel: Am einfachsten ist die Anreise mit dem Mietwagen. Für die Fahrt vom Bear Valley Visitor Center bis zum 32 km entfernten Point Reyes Lighthouse muss man etwa 45 Min. rechnen. Die letzte Tankstelle befindet sich in Point Reyes Station. Aktuelles zu Bauarbeiten/Sperrungen wg. Erdrutsch am Shoreline Hwy. zwischen Muir Beach und Red Rock Beach: www.dot.ca.gov/hq/roadinfo. Ab Downtown San Francisco, 7th & Market St., fährt der Bus Linie 101 zum Transit Center in San Rafael. Dort steigt man um in den Bus Nr. 68, der alle 4 Std. nach Olema fährt (Reisezeit ca. 3 Std.). Von Ende Dez. bis Mitte April ist bei gutem Wetter das westliche Ende des Sir Francis Drake Blvd. für den Autoverkehr gesperrt. Shuttlebusse bringen Besucher dann ab 9.45 Uhr zum Point Reyes Lighthouse und ins Gebiet um den Chimney Rock (Ticketverkauf am Drakes Beach, ab 16 J. 7 $).

Einsamer Point Reyes National Seashore

1. Tag: Von **San Francisco** fährt man über die Golden Gate Bridge auf dem Hwy. 101 nordwärts und zweigt in **Tamalpais-Homestead Valley** auf den Panoramic Hwy. ab. Über **Muir Beach** und den Shoreline Hwy.erreicht man via **Stinson Beach** › **S. 138** das Tor zum National Seashore: die kleine Ortschaft **Olema** am Hwy. 1, die sich mit mehreren B&Bs und einer Lodge für eine Übernachtung anbietet. Das 4 km weiter nördlich liegende Städtchen **Point Reyes Station** ist quasi ein Versorgungsstützpunkt, der sich in den letzten Jahren mit mehreren guten Restaurants einen Ruf als ländliches Gourmetmekka erworben hat. Nur einen halben Kilometer weiter westlich von Olema liegt das **Bear Valley Visitor Center** (Bear Valley Rd., Tel. 415-464-5100), wo man alle Informationen über Point Reyes bekommt und ein Seismograf Erderschütterungen aufzeichnet. Das vom Nationalparkservice verwaltete Point Reyes National Seashore ist ein ganz besonderer Flecken Land. Kaum irgendwo präsentiert sich die kalifornische Pazifikküste so wild und ungestüm, so stadtfern und naturbelassen wie hier. Geologisch gehört die Halbinsel in Form einer Haifischflosse nicht zum nordamerikanischen Kontinent, sondern liegt getrennt durch die San-Andreas-Verwerfung auf der Pazifischen Platte. Über 240 km Wander- und Radwege führen Outdoor-Enthusiasten in diesem 70 000 Hektar großen Wildnisgebiet über offenes Grasland, schroffe Felsgrate und entlang von Küstenklippen.

Ein 1,3 km langer Wanderweg führt nach Kule Loklo, der Nachbildung eines Dorfes der Miwok-Küstenindianer. Auf dem 1,2 km langen, durch Wald und Wiesen führenden Woodpecker Trail erfährt man auf zahlreichen Hinweisschildern viel Interessantes über in dieser Region vorkommende Pflanzen und Tiere. Für Hobbygeologen ist der 1 km lange, befestigte Earthquake Trail interessant, der über tektonische Aktivitäten informiert. Eine längere Wanderung führt über gut 5 km am Bear Valley Creek entlang zur Divide Meadow. Falls dann noch Bedarf nach einem abgelegenen Strand besteht, kann man auf der Limantour Road in einer halben Stunde zum **Limantour Beach** direkt am Pazifiksaum fahren.

2. Tag: Hauptattraktion im **Point Reyes National Seashore** ist das **Point Reyes Lighthouse,** exponiert an der windigsten Stelle der gesamten Pazifikküste und in einem der nebligsten Gebiete ganz Nordamerikas gelegen. 1870–1975 sorgte der Leuchtturm am Ende des Sir Drake Boulevard dafür, dass Schiffe sicher durch die trügerischen Gewässer navigieren konnten. 1975 wurde der Betrieb automatisiert und das Point Reyes Lighthouse in ein Museum umgewandelt. Beim großen Erdbeben 1906 blieb das Gebäude im Prinzip unbeschädigt, wurde aber innerhalb einer Minute um ca. 6 m nach Norden verschoben. Vom Parkplatz aus erreicht man den Leuchtturm auf einem 700 m langen Fußweg bergauf zum **Lighthouse Visitor Center** und dann bergab auf einer Treppe mit über 300 Stufen, die täglich exakt ab 16.30 Uhr geschlossen wird. Am oberen Beginn der Treppe, die bei starkem Wind gesperrt wird, liegt eine Aussichtsplattform, von der aus man Wale beobachten kann. Vom Sir Francis Drake Boulevard biegt vor dem Lighthouse Visitor Center eine Straße zum **Chimney Rock** ab, wo 1927 eine Lebensrettungsstation für Schiffbrüchige errichtet wurde, die bis 1968 besetzt war. Eine zweite Abbiegung ist die Drakes Beach Road zum **Drakes Beach.** Im April 2017 musste sie auf unbestimmte Zeit geschlossen werden, weil ein Teil weggebrochen war. Das unterstreicht die Tatsache, dass man sich im Schutzgebiet wegen der zum Teil instabilen geologischen Situation auf veränderte Zugangsbedingungen einstellen muss.

3. Tag: Auf der Rückfahrt lohnen sich dann noch Stopps im hübschen **Stinson Beach** › **S. 138** und, von dort links auf den Panoramic Hwy. abzweigend, ein Besuch der gigantischen Redwoods im **Muir Woods National Monument** › **S. 137**. Anschließend kommt man auf dem Hwy. 101 schnell nach **San Francisco** zurück.

Steil geht es hinab zum Point Reyes Lighthouse

Infos von A–Z

Ärztliche Versorgung

Die medizinische Versorgung in San Francisco ist hervorragend, aber teuer. Praxis- oder Krankenhausbesuche und andere ärztliche Leistunge müssen sofort bezahlt werden (z. B. per Kreditkarte), da Nicht-US-Bürger grundsätzlich als Privatpatienten behandelt werden. Deshalb ist der Abschluss einer Reisekrankenversicherung, am besten inklusive Rückführungsmöglichkeit bei medizinischer Notwendigkeit, ratsam.

Apotheken *(pharmacies)* findet man in der Regel in großen Supermärkten oder in Hauptgeschäftsstraßen.

Alkohol

Das Mindestalter für Alkoholkauf oder -genuss beträgt 21 Jahre. Öffentlich Alkohol zu trinken, ist verboten. Wenn schon, muss die Flasche in eine Papiertüte *(brown bag)*. Im Auto ist nicht nur das Trinken, sondern auch das Mitführen von Alkoholika im Wageninneren verboten. Diese müssen in den Kofferraum. Alkoholhaltige Getränke gibt es in den meisten Supermärkten und Tankstellen, aber nicht zwischen 2 und 6 Uhr. In der Gastronomie dürfen nur Betriebe mit spezieller Ausschanklizenz *(licensed)* Bier und Wein servieren.

Barrierefreies Reisen

Grundsätzlich ist San Francisco gut für Menschen mit Behinderung zu erkunden. In Bussen und Bahnen, vielen Restaurants. in Museen und anderen Sehenswürdigkeiten gibt es eigens für Rollstuhlfahrer eingerichtete Rampen oder Sonderplätze.

Für Behinderte auf Reisen hält die Organisation Society for Accessible Travel & Hospitality (SATH) nützliche Informationen parat (http://sath.org).

Diplomatische Vertretungen

- **Deutsches Generalkonsulat**
  1960 Jackson St.,
  San Francisco, CA 94109
  Tel. 1-415/775-1061
  www.san-francisco.diplo.de
- **Österreichisches Generalkonsulat**
  11859 Wilshire Blvd., Suite 501
  Los Angeles, CA 90025
  Tel. 1-310-444-9310
  www.austria-la.org
- **Schweizer Generalkonsulat**
  Pier 17, Suite 600
  San Francisco, CA 94111
  Tel. 1-415/788-2272
  www.eda.admin.ch/sanfrancisco

Einreise

Für einen Aufenthalt bis max. 90 Tage ist für Deutsche, Österreicher und Schweizer kein Visum erforderlich. Ein maschinenlesbarer Reisepass mit biometrischen Daten, mindestens gültig für die Zeit des Aufenthalts, ist auch für Kinder obligatorisch (vorläufige Pässe werden nicht akzeptiert). Bis spätestens 72 Stunden vor Abreise muss man sich für eine ESTA-Reisegenehmigung online registrieren unter https://esta.cbp.dhs.gov/esta (14 $, Gültigkeit 2 Jahre). Bereits bei der Flugbuchung werden Passagierdaten abgefragt. Beim Check-in wird die erste Adresse in den USA inkl. Postleitzahl verlangt.

Eintrittskarten

Der zentrale Ticketvorverkauf ist **Tix Booth Bay Area** in Downtown am Union Square (350 Powell St., Tel. 415-433-7827, http://tixbayarea.org) › **S. 62.**

Elektrizität

Neuere Notebooks, Smartphones und Tablets sind fast immer mit Netzteilen und Ladegeräten für in den USA übliche 110 Volt ausgestattet. Für in D, A und CH handesübliche Elektrogeräte benötigt man einen Steckdosen-Adapter (in Baumärkten oder Elektrogeschäften).

Feiertage

- 1. Januar: New Year's Day (Neujahr)
- 3. Montag im Januar: Martin Luther King Jr. Day
- 3. Montag im Februar: Washington's Birthday
- Letzter Montag im Mai: Memorial Day (Heldengedenktag)
- 4. Juli: Independence Day (Unabhängigkeitstag)
- 1. Montag im September: Labor Day (Tag der Arbeit)
- 2. Montag im Oktober: Columbus Day (Cristoph Columbus' Ankunft in der Neuen Welt)
- 11. November: Veterans Day
- 4. Donnerstag im November: Thanksgiving Day (Erntedankfest)
- 25. Dezember: Christmas Day (Weihnachten)

Fotografieren

In Museen und Ausstellungen gibt es z.T. generelle Einschränkungen, die sich auf das Fotografieren mit Blitz oder Stativ beziehen.

Fundbüros

- **Muni Lost & Found:** Fundstelle der SFMTA für Busse und Bahnen: Tel. 415-701-2311, www.sfmta.com/getting-around/transit/muni-lost-found).
- **BART:** Onlinedienst für Verlorenes der Regionalbahn: www.bart.gov/guide/lostandfound

Geld

Ohne Kreditkarte ist eine USA-Reise problematisch. Bereits bei der Buchung eines Hotels oder eines Mietwagens ist sie zwecks Kaution unverzichtbar. Wird

Bunte Parade am Memorial Day

der Kreditrahmen ausgereizt, ist die Kreditkarte für eine weitere Benutzung automatisch gesperrt. Die Popularität von Plastikgeld sorgt dafür, dass Travellerschecks immer unpopulärer werden. Schon zu Hause sollte man sich aber auch mit einem Polster an Dollarnoten versorgen. Eine Deklarationspflicht bei der Einreise in die USA besteht nur für Summen über 10 000 $.

Bargeld kann man vor Ort mit EC-/Maestro-Karte an Bankautomaten abheben, was i.d.R. preisgünstiger ist als mit der Kreditkarte. Am besten erkundigt man sich bei seiner Hausbank nach den Kosten. EC- oder Kreditkarten kann

Urlaubskasse	
Tasse Kaffee	2,50–4,50 $
Softdrink	2–3,50 $
Bier	4–7 $
Sandwichk	4–6 $
Taxifahrt 3 km / Flughafen–Downtown	11–15 / 40–60 $
Mietwagen/Tag	ab ca. 60 $
1 Liter Benzin	ca. 0,80–0,90 $

man unter Tel. 0011-49-116-116 sperren lasen. Notrufnummern in Österreich findet man unter www.banken-auskunft.at/sicherheit/karte-sperren). In der Schweiz ist die Sperrung von der jeweiligen Bank abhängig.

Information

- **San Francisco Visitor Information Center**
  900 Market St., Hallidie Plaza, Lower Level, Tel. 415-391-2000, www.sftravel.com/de; Mo–Fr 9–17, Sa/So 9–15 Uhr, Nov.–April So geschl.
- **California Welcome Center**
  Fisherman's Wharf, Pier 39, Building B, Level 2, Tel. 415-981-1280, www.pier39.com/cwc; tgl. 9–19 Uhr
- **Golden Gate National Recreation Area Visitor Centers**
  Golden Gate Bridge › **S. 101**, Presidio of San Francisco › **S. 104**, Land's End Lookout › **S. 107**, Marin Headlands › **S. 135**, www.nps.gov/goga
- **San Francisco Online**
  www.sftravel.com/de: guter Überblick, was in der Stadt besichtigt werden kann.
  www.citysearch.com/guide/sanfrancisco-ca-metro: Empfehlungen für Restaurants, Bars, Klubs, Hotels, Shoppingmöglichkeiten u. v. a. m.
  www.sfstation.com: praktische Informationsquelle über kulturelle Angebote in der Stadt.
  www.sanfrancisco.com: Hotels, Restaurants, Nightlife, Events etc.
- www.sfrecpark.org: alles rund um San Franciscos Parks und Erholungsflächen, inkl. interaktiver Karte, Veranstaltungs- und sonstigen News.

Internet

Kostenlosen Internetzugang bietet u. a. die San Francisco Main Public Library › **S. 75**. Öffentliche Plätze mit kostenlosem WLAN sind u. a. Union Square, City Hall, Ferry Building und Pacific Heights District. Tipps zu WiFi, wie WLAN in den USA heißt, findet man unter www.sfgov.org/sfc/sanfranciscowifi).

Praktische Apps: BestParking (sucht kostenlos die preisgünstigsten Parkmöglichkeiten); XE Currency (rechnet Dollar kostenlos in Euro um); Wi-Fi Finder (hilft kostenlos bei der Suche nach öffentlichen WLAN-Spots).

Kleidung

In Kalifornien kleidet man sich gerne locker und lässig, gehobene Restaurant legen aber Wert auf elegante, nicht zu sportliche Kleidung. Da manche Stadtgegenden ziemlich windig sein können, ist Wärmendes hauptsächlich in den Abendstunden empfehlenswert.

Medien

Es gibt zwei große Tageszeitungen. Der »San Francisco Chronicle« (www.sfchronicle.com) erscheint morgens und betreibt die Webseite www.sfgate.com. »San Francisco Examiner« (www.sfexaminer.com) wird abends verkauft. Außerdem gibt es eine Reihe von Stadtteil- und Nischenpublikationen wie »SF Weekly« (www.sfweekly.com), »San Francisco Magazine« (www.modernluxury.com/san-francisco) und »Bay Area Reporter« (www.ebar.com). Zahlreiche TV- und Radiosender produzieren ihre Programme in der Stadt.

Mehrwertsteuer

In der Stadt und den San Francisco Counties beträgt die *sales tax* 8,5 %, im restlichen Kalifornien bis zu 9,33 %. Bei Einkäufen muss man mit dem entsprechenden Aufschlag zusätzlich zu den ausgewiesenen Preisen rechnen.

Notrufnummern

Polizei, Ambulanz und Feuerwehr erreicht man unter der Nummer 911.

Öffnungszeiten

- **Geschäfte:** Verbindliche Ladenschlusszeiten gibt es in Kalifornien nicht, häufig schließen kleinere Geschäfte um 20 Uhr. In Malls und Kaufhäusern kann man Mo–Sa 10 bis 19 oder 21 und So 10–18 Uhr einkaufen. Supermärkte haben 7–20 oder 21 Uhr, große Märkte bis zu 24 Stunden geöffnet.
- **Banken:** Haben in der Regel Mo–Fr 10–15 Uhr Kundenverkehr.
- **Postämter:** Sind meist Mo–Fr 8–18 Uhr geöffnet, Sa 8–12 Uhr.
- **Museen:** Einige Museen haben v. a. am Mo geschlossen und sind dafür Do abends öfters länger geöffnet.

Post

Postkarten und normale Briefe nach D, A und CH kosten 1,15 $.

Rauchen

Rauchen ist in allen öffentlichen Gebäuden, an Bus und U-Bahnhaltestellen, auf Flugplätzen, in Restaurants und Bars grundsätzlich verboten. Selbst in Parks und auf öffentlichen Plätzen muss man hier und da auf den Glimmstängel verzichten.

Sicherheit

In San Francisco gilt, was in jeder anderen Großstadt auch gilt: Manche Stadtteile und soziale Brennpunkte sollte man meiden, hauptsächlich nachts. Das gilt besonders für Gegenden abseits der großen Straßen etwa im Mission District, in Little Saigon, Tenderloin und South of Market.

In touristischen Gegenden und in öffentlichen Verkehrsmitteln muss man sich vor Langfingern in Acht nehmen.

GUT ZU WISSEN

- **Gratis und schnell ins Museum**
  Zahlreiche Museen können an bestimmten Tagen kostenlos besucht werden. Häufig handelt es sich um den ersten Di im Monat (Kalender unter www.sftourismtips.com/free-museum-admission-days.html). Mit sog. Skip the line-Tickets kann man Warteschlangen, umgehen, jedoch zu deftigen Preisaufschlägen.
- **San Francisco CityPASS**
  Im Pass enthalten ist der Eintritt für die California Academy of Sciences, das Aquarium of the Bay und das Exploratorium oder das De Young Museum. Zudem das Blue & Gold Fleet Bay Cruise Adventure und ein Pass für Cable Cars und alle MUNI-Busse. Der CityPASS kostet 89 $ für Erw. und 66 $ für Kinder 5–11 J., ist an 9 zusammenhängenden Tagen gültig (http://de.citypass.com/san-francisco).
- **Go San Francisco Card**
  Die Touristenkarte wird in drei Varianten angeboten. Der All-inclusive Pass gilt 1 bis 5 Tage und erlaubt, zwischen 26 Attraktionen auszuwählen (Erw. 69–155 $, Kinder 3–12 J. 55–115 $). Der Explorer Pass gilt für 3–5 Sehenswürdigkeiten (Erw. 69–105 $, Kinder 3–12 J. 55–79 $). Der Build Your Own Pass enthält alle Attraktionen, die man sich aus einer Liste von 34 selbst aussucht (Preise je nach Umfang) (www.smartdestinations.com/san-francisco-attractions-and-tours).
- **Sightseeing**
  Das Angebot an Stadtrundfahrten, Schiffsexkursionen, Rundgängen und Führungen ist immens. Wer Spezielles im Sinn hat, besorgt sich am besten Infos in einem der Besucherzentren › S. 152, wo man Touren in der Regel auch buchen kann.

Telefonieren

Mit neueren Smartphones und TriBand-Handys zu telefonieren und SMS zu versenden funktioniert im Großraum San Francisco bestens, weil diese alle notwendigen Frequenzen unterstützen. Nutzt man seinen heimischen Vertrag, fallen Roamingkosten an, was teuer werden kann. Eine preisgünstigere Variante ist der Kauf einer Prepaid-Karte eines US-Mobilfunkanbieters, die in Geschäften wie Walmart oder Walgreens ab ca. 10 $ zu haben ist. Vor der ersten Benutzung muss eine solche Karte über das Internet registriert werden. Dabei kann man auch den gewünschten Tarif auswählen. Kauft man die SIM-Karte schon zu Hause, sind Aktivierung und Rufnummer schon inklusive.

Die Vorwahlen sind nach Deutschland 0 11 49, nach Österreich 0 11 43 und in die Schweiz 0 11 41, dann Ortsvorwahl ohne 0, dann die Teilnehmernummer.

Maße und Temperaturen

Länge
1 inch (in.) = 2,54 cm
1 foot (ft.) = 12 inches = 30,48 cm
1 yard (yd.) = 3 feet = 91,44 cm
1 mile (mi.) = 1,609 km

Volumen
1 gill (gl.) = 0,118 Liter
1 pint (pt.) = 4 gills = 0,473 Liter
1 quart (qt.) = 2 pints = 0,946 Liter
1 gallon (gal.) = 4 quarts = 3,785 Liter

Gewicht
1 ounce (oz.) = 28,35 g
1 pound (lb.) = 16 ozs. = 453,6 g
1 stone (st.) = 14 lbs. = 6,35 kg
1 quarter (qr.) = 25 lbs. = 11,339 kg
1 hundredweight = 4 qrs. = 45,359 kg
1 ton(t) = 2000 lbs. = 907 kg

Temperatur

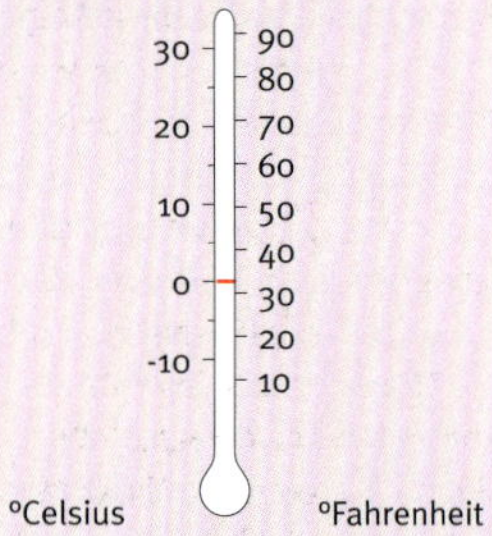

Trinkgeld

Trinkgelder sind nicht nur Anerkennung für guten Service, sondern Bestandteil des Lohns. In Restaurants, im Taxi und beim Friseur werden ca. 15 bis 20 % des Rechnungsbetrags fällig, im Hotel für den Zimmerservice 1–2 $ pro Übernachtung. In seltenen Fällen steht auf der Rechnung *tip is included.* Dann ist das Trinkgeld schon eingerechnet.

Zeit

Der Zeitunterschied zwischen Mitteleuropa und Kalifornien beträgt –9 Std. Mitte März bis Anfang November gilt die Sommerzeit (1 Stunde vor).

Zoll

Die Einfuhr in die USA von frischem, getrocknetem und in Dosen verpacktem Fleisch oder Fleischprodukten ist ebenso verboten wie etwa frisches Obst und Gemüse. Personen ab 21 Jahren dürfen 1 l Alkohol zollfrei einführen. Für weitere Mengen werden Zollgebühren und Steuern fällig. Rezeptpflichtige Medikamente sollte man möglichst in der Originalverpackung dabeihaben.

Auf der Rückreise: US-Waren sind bis zu einem Wert von insgesamt 430 € (300 CHF) zollfrei. Für Kinder unter 15 Jahren liegt die Freigrenze bei 175 €. Für alles darüber wird Einfuhrumsatzsteuer und Zoll fällig, bis 700 € pauschal in Höhe von 13,5 %, darüber muss alles voll versteuert werden (19 % Ust. plus Warenzollsatz). Deshalb sollte man Kassenbons aufheben, um Warenwerte belegen zu können.

Register

Bildnachweis

Coverfoto: Cable Car in der Powell Street, San Francisco © Getty Images/Mitchell Funk
Fotos Umschlagrückseite: stock.adobe.com/Oleksandr Dibrova (links), stock.adobe.com/photogolfer (Mitte), Shutterstock/Sean Pavone (rechts)

Alamy Stock Photo/DavidEnglish Photos: 107; Alamy Stock Photo/Directphoto Collection: 36, 95; Alamy Stock Photo/Randy Duchaine: 82; Alamy Stock Photo/Alan Gallery: 55; Alamy Stock Photo/Benny Marty: 63; Alamy Stock Photo/McPhoto/Lovell: 30; Alamy Stock Photo/RanaPics: 40; Alamy Stock Photo/Neil Setchfield: 51; AWL images/Sabine Lubenow: 44/45; Bildagentur Huber/Kremer: 60, 83; dpa Picture-Alliance/John G. M: 52; Getty Images/Corbis Documentary: 69, 71; Getty Images/Lonely Planet Images: 43; Getty Images/Moment: 47; Getty Images/Photolibrary: 23; imago/Xinhua: 75; imago/ZUMA Press: 113; Interfoto/Danita Delimont/Chuck Haney: 120; laif/Gonzalo Azumendi: 20/21, 89, 125; laif/Redux/Re/The New York Times: 28; laif/Redux/Re/The New York Times/Jim Wilson: 32; laif/Redux/Redux/Lou Dematteis: 49; laif/robertharding/Richard Cummins: 96, 104; laif/robertharding/Marco Simoni: 86; mauritius images/Alamy/Ian Dagnall: 143; mauritius images/imageBROKER/Alexander Pöschel: 15; Seasons Agency/Gräfe & Unzer Verlag/Klaus-Maria Einwanger: 35; Shutterstock: 57, 77, 98; Shutterstock/168450296: 8 unten; Shutterstock/Andrey Bayda: 78; Shutterstock/Massimo Bocchi: 6/7; Shutterstock/Darryl Brooks: U2-1; Shutterstock/cdrin: 67; Shutterstock/Checubus: 111; Shutterstock/ESB Professional: 132; Shutterstock/Ethan Daniels: 29; Shutterstock/Adam Derewecki: 139; Shutterstock/ f11photo: 91, 93; Shutterstock/Fotos593: 99; Shutterstock/Diego Grandi: 122, 127; Shutterstock/Mariusz S. Jurgielewicz: 137, 151; Shutterstock/kan_khampanyaU2-4; Shutterstock/kropic1: 10 unten; Shutterstock/leungchopan: 16; Shutterstock/Lucky-photographer: 61, 149; Shutterstock/Benny Marty: 13; Shutterstock/Oxana Militsina: 148; Shutterstock/mTaira: 106; Shutterstock/Sergey Novikov: 58/59; Shutterstock/Ekaterina Pokrovsky: U2-3; Shutterstock/Pung: 53, 109, 133; Shutterstock/rarrarorro: 85; Shutterstock/Luz Rosa: U2-2; Shutterstock/Sathapornnanont: 39; Shutterstock/Still Life Photography: 141; Shutterstock/thetahoeguy: 135; Shutterstock/Michael Warwick: 116; Shutterstock/Ken Wolter: 76; stock.adobe.com/Oleksandr Dibrova: 101; stock.adobe.com/elf0724: 25; stock.adobe.com/Jill: 129; stock.adobe.com/lunamarina: 115; stock.adobe.com/Michael: 27; stock.adobe.com/photogolfer: 130; stock.adobe.com/Brad Pict: 119; stock.adobe.com/pikappa51: 73; stock.adobe.com/Karen Wibbs: 146; Jo Walden: 8 oben, 9 oben, 9 unten, 10 oben.

Liebe Leserin, lieber Leser,
wir freuen uns, dass Sie sich für diesen POLYGLOTT on tour entschieden haben.
Unsere Autorinnen und Autoren sind für Sie unterwegs und recherchieren sehr gründlich, damit Sie mit aktuellen und zuverlässigen Informationen auf Reisen gehen können.
Dennoch lassen sich Fehler nie ganz ausschließen. Wir bitten Sie um Verständnis, dass der Verlag dafür keine Haftung übernehmen kann.

Ihre Meinung ist uns wichtig. Bitte schreiben Sie uns:

GRÄFE UND UNZER VERLAG
Postfach 86 03 66, 81630 München, Tel. 0 89/419 819 41
www.polyglott.de

LESERSERVICE
polyglott@graefe-und-unzer.de
Tel. 0 800/72 37 33 33 (gebührenfrei in D, A, CH), Mo–Do 9–17 Uhr, Fr 9–16 Uhr

1. Auflage 2018

Dieses Buch wurde auf chlorfrei gebleichtem Papier gedruckt.
ISBN 978-3-8464-0105-7

Bei Interesse an maßgeschneiderten POLYGLOTT-Produkten:
Verónica Reisenegger
veronica.reisenegger@graefe-und-unzer.de

Redaktionsleitung: Grit Müller
Verlagsredaktion: Anne-Katrin Scheiter
Autor: Jo Walden
Redaktion: Christian Steinmaßl
Bildredaktion: Nafsika Mylona
Mini-Dolmetscher: Langenscheidt
Layoutkonzept/Titeldesign: fpm factor product münchen
Karten und Pläne: Theiss Heidolph und Kunth Verlag GmbH & Co. KG
Satz: Tim Schulz, Mainz
Herstellung: Anna Bäumner
Druck und Bindung: Printer Trento, Italien

PEFC
PEFC/18-31-506

GRÄFE UND UNZER

Ein Unternehmen der
GANSKE VERLAGSGRUPPE

Mini-Dolmetscher Englisch

Allgemeines

Guten Morgen.	Good morning. [gud **mohr**ning]
Guten Tag. (nachmittags)	Good afternoon. [gud äfter**nuhn**]
Hallo!	Hi! [hai]
Wie geht's?	How are you? [hau **ahr**‿ju]
Danke, gut.	Fine, thank you. [**fain, θänk**‿ju]
Ich heiße ...	My name is ... [mai **nehm**‿is]
Auf Wiedersehen.	Bye-bye. [baibai]
Morgen	morning [**mohr**ning]
Nachmittag	afternoon [äfter**nuhn**]
Abend	evening [**ihw**ning]
Nacht	night[nait]
morgen	tomorrow [tu**morr**oh]
heute	today [tu**deh**]
gestern	yesterday[**jes**terdeh]
Sprechen Sie Deutsch?	Do you speak German? [du‿ju spihk **ds~~ch~~öhr**mən]
Wie bitte?	Pardon? [**pahr**dn]
Ich verstehe nicht.	I don't understand. [ai **dohnt** ander**ständ**]
Würden Sie das bitte wiederholen?	Would you repeat that please? [wud‿ju ri**piht** ðät, **plihs**]
bitte	please [**plihs**]
danke	thank you [**θänk**‿ju]
Keine Ursache.	You're welcome. [johr **wäll**kamm]
was / wer / welcher	what / who / which [wott / huh / witsch]
wo / wohin	where [wäər]
wie / wie viel	how / how much [hau / hau **matsch**]
wann / wie lange	when / how long [wänn / hau **long**]
Wie heißt das?	What is this called? [**wott**‿**is** ðis **kohld**]
Wo ist ...?	Where is ...? [**wäər**‿is ...]
Können Sie mir helfen?	Can you help me? [kän‿ju **hälp**‿mi]
ja	yes [jäss]
nein	no [noh]
Entschuldigen Sie.	Excuse me. [iks**kjuhs** mi]
Gibt es hier eine Touristen-information?	Is there a tourist information? [is‿ðər‿ə **tuə**rist infərmehschn]
Haben Sie einen Stadtplan?	Do you have a city map / a list of hotels? [du‿ju häw‿ə **ßit**i mäpp]
Rufen Sie bitte die Polizei.	Please call the police. [**plihs** ðə pə**lihs**]

Shopping

Wo gibt es ...?	Where can I find ...? [**wäə** kən‿ai **faind** ...]
Wie viel kostet das?	How much is this? [**hau**‿matsch **is**‿ðis]
Das ist zu teuer.	This is too expensive. [ðis‿is **tuh** iks**pänn**ßiw]
Das gefällt mir (nicht).	I like it. / I don't like it. [ai **laik**‿it / ai **dohnt laik**‿it]
Wo ist eine Bank?	Where is a bank? [**wäər**‿is ə‿**bänk**]
Ich suche einen Geld-automaten.	I am looking for an ATM. [aim **luck**ing fər‿ən **ätihem**]
Geben Sie mir zwei Pfund (ca. 900 g) Tomaten.	Could I have two pounds of tomatoes. [kud‿ai häw **tuh paunds**‿əw tə**mäi**tohs]
Haben Sie deutsche Zeitungen?	Do you have German newspapers? [du‿ju häw **ds~~ch~~öhr**mən **nuhs**pehpers]

Essen und Trinken

Die Speisekarte, bitte.	The menu please. [ðə **männ**ju plihs]
Brot	bread [bräd]
Kaffee	coffee [**koff**i]
Tee	tea [tih]
mit Milch / Zucker	with milk / sugar [wið‿**milk** / **schugg**er]
Orangensaft	orange juice [**orr**ənds~~ch~~‿ds~~ch~~uhs]
Mehr Kaffee, bitte.	Some more coffee please. [ßəm‿moh **koff**i plihs]
Suppe	soup [ßuhp]
Fisch	fish [fisch]
Meeresfrüchte	seafood [**ßih**fud]
Fleisch	meat [miht]
Geflügel	poultry [**pohl**tri]
Beilage	sidedish [**ßaid**disch]
vegetarische Gerichte	vegetarian food [wäds~~ch~~ə**tä**riən fud]
Eier	eggs [ägs]
Salat	salad [**ßäl**əd]
Dessert	dessert[di**söhrt**]
Obst	fruit [fruht]
Eis	ice cream [ais **krihm**]
Wein	wine [wain]
weiß / rot / rosé	white / red / rosé [wait / räd / **roh**seh]
Bier	beer [bir]
Mineralwasser	mineral water [**minn**rəl wohder]
Ich möchte bezahlen.	The check, please. [ðə **tscheck,** plihs]

Meine Entdeckungen

Clevere Kombination mit POLYGLOTT Stickern

Einfach Ihre eigenen Entdeckungen mit Stickern von 1–16 in der Karte markieren und hier eintragen. Teilen Sie Ihre Entdeckungen auf facebook.com/polyglott1.

Checkliste San Francisco

Nur da gewesen oder schon entdeckt?

- [ ] **Golden-Gate-Schiffstour**
  Die Golden Gate Bridge wirkt aus der Entfernung fast zerbrechlich, erst vom direkt unter der Brücke kreuzenden Ausflugsschiff werden ihre gigantischen Dimensionen deutlich. Faszinierend ist auch der Skyline-Blick. › **S. 93**

- [ ] **Mitreißende Streetart**
  Mit Pinsel, Spraydose und Farbe haben Mural-Künstler dem Mission District zu Kultstatus verholfen. › **S. 131**

- [ ] **Kultur trifft Natur**
  Der Golden Gate Park ist Freizeitparadies und museale Showbühne zugleich. › **S. 109**

- [ ] **Um die Ecke ins Reich des Drachen**
  Dynamisch und exotisch: Auf Chinatowns Grant Avenue taucht man mitten in Downtown in eine fremde Welt ein. › **S. 84**

- [ ] **Vorwärts ins 19. Jahrhundert**
  Während die Welt dem autonomen Fahren entgegenfiebert, sind Nostalgiker in Cable Cars aus einer Zeit unterwegs, als das Auto noch gar nicht erfunden war. › **S. 82**

- [ ] **Die Stadt auf einen Blick**
  Im Zentrum gehört der Coit Tower zu den schönsten Aussichtspunkten. › **S. 90**

- [ ] **Kunst rekordverdächtig**
  Die Sammlung für zeitgenössische Kunst des SFMOMA ist riesig und hochkarätig, die Architektur imposant. › **S. 66**

Mitbringsel für daheim

Die Golden-Gate-Brücke im Nebel: Im handlichen Format einer Schneekugel › **S. 16**

Damit gibt's eins auf die Ohren: Eine originalgetreue Cable-Car-Bimmel › **S. 16**